日本の映画作家と中国

小津・溝口・黒澤から
宮崎駿・北野武・岩井俊二・是枝裕和まで

劉 文兵
Liu Wenbing

◉目次

はじめに

中国と日本の映画交流について長年研究している私は、二〇二〇年六月二八日に福岡市総合図書館のホールで行われた、（一財）福岡ユネスコ協会主催の講演会「日本映画は中国でどのように愛されてきたのか」において、日中平和友好条約締結（一九七八年）後に中国で開催された「日本映画祭」（一九七八〜九一年）を中心に、日本映画が中国で最も熱狂的に受け入れられた時代の中国の社会状況について講演した。講演会ではその後に、当時中国で空前のヒットをした日本映画『サンダカン八番娼館　望郷』（熊井啓監督、一九七一年）を上映した。

講演では、主に一九七〇年代の日本映画が中国でどのように観られ、また当時映画監督を目指していた中国第五世代の監督や、まだ観客として観ていた第六世代の監督たちが日本映画からどんな影響を受けたかについて筆者自身がインタビューした内容も紹介した。

講演をまとめて本にする作業を行う中で、せっかくならば、日中が戦争状態になる前、日本映画が初めて中国で観られるようになった頃から、北野武や岩井俊二、是枝裕和等の作品や新海誠のアニメなど現代の作品が簡単に観られるようになった現在の状況も加えて、中国において日本映画がどのように受け入れられてきたのかを俯瞰的にまとめてみることにした。

日本と中国の映画交流の歴史は、二〇世紀初頭に日本人が多く住む中国東北地方や上海で幕を開けた。その頃に始まった、日本人居住民を対象とした日本映画の上映は、一般の中国人にまで広まっていった。

しかし、中国での日本映画の上映はそれぞれの時代の日中関係や中国の国内政治に翻弄され続けていた。

満州事変（一九三一年）、日中戦争（一九三七～四五年）、戦後に続く冷戦時代、中国の文化大革命（一九六六～七六年）をくぐり抜けて、両国の映画交流は日中国交正常化の実現（一九七二年）、日中平和友好条約の締結（一九七八年）、さらに中国の改革開放路線の推進（一九七八年～）によって頂点を迎え、今日まで続いてきた。その中で多くの日本映画の巨匠が中国国民に親しまれ、中国映画や映画人にも多大な影響を与えてきたのである。

本書では、中国側から見た日本の映画監督の系譜をたどることをつうじて、両国の映画交流の歴史を再構築するとともに、映画を通じた今後の文化交流の可能性を探りたい。

Ⅰ　日本映画の巨匠たちの「不在」
——戦前、戦中、そして冷戦時代

第一節　戦前の黎明期

中国映画史の始まりは、京劇の立ち回りや舞踊をフィルムに収めた短編『定軍山』が初の中国映画として製作された一九〇五年に遡る。その後、中国の映画製作は急速に本格化していき、一九二〇年代の上海では最大一七五社にものぼる映画会社が次々と設立された。創成期の中国映画において主流となったのが、メロドラマ、カンフー映画、探偵映画、ドタバタ喜劇であり、娯楽映画が隆盛を極めた。中国映画の父ともいうべき張石川（チャン・シーチュワン）と鄭正秋（チョン・チョンチュウ）が当時の代表的な監督であり、彼らは中国映画の「第一世代監督」と見なされている。

一九三〇年代に入ると、呉永剛（ウー・ヨンカン）、孫瑜（スン・ユイ）、費穆（フェイ・ムー）、沈西苓（シェン・シーリン）、蔡楚生（ツァイ・チューション）、程歩高（チェン・ブーカオ）、卜万蒼（プー・ワンツァン）といった上海の映画人たちは、アメリカ映画を参考としてモダニズム的な映像表現や技法を積極的に取り入れていく一方で、ソヴィエトのマルクス・レーニン主義思想やモンタージュ理論の影響をも受けるようになった。とりわけ、一九三一年の日本軍の東北出兵（満州事変）をきっかけとして極度に左翼化した彼らは、高揚するナショナリズムのなかで相次いで力作を発表し、日中戦争が始まる一九三七年までに中国映画の黄金時代を築き上げた。

ところが、その時代の上海の新聞や映画雑誌に散見される、戦前の日本映画にかんする同時代の中国側の言説を見てみると、天皇制という政治システムが生みだした独特なイデオロギー性、チャンバラ映画に代表される軽薄な内容が、日本映画の特徴としてしばしば取り上げられ、「芸術の域に到達していない後進的な映画」（1）と片付けられている。わずかな日本映画の鑑賞から得た偏った見方にすぎないが、二〇世紀前半の中国映画市場を独占したハリウッド映画と「東洋のハリウッド」を自負する上海映画の影に隠れ、日本映画に目を向ける中国人は少なかったのが当時の実態に近いだろう。

さらに、満州事変以降の中国での抗日の機運の高まりという社会的な背景を考えると、中国の評論家や映画人は、ナショナリズムに起因するルサンチマンを日本映画にぶつけ、中国側の愛国主義のやり玉に挙げられた結果、日本映画は過小評価されたのではないだろうか。

第二節　戦中の日本映画との不幸な出会い

一九三七年七月に日中戦争が勃発し、八月に第二次上海事変が起こると、その三ヵ月後に日本軍は租界と呼ばれる外国人居留地を残して上海を占領した。上海の映画関係者のほとんどは重慶や香港へと逃れ、上海に残ったごく少数の映画人たちによって租界で辛うじて製作がつづけられた。太平洋戦争の勃発や日本の上海租界への侵入により、一九四二年に租界が事実上消滅し、その翌年、日本の主導下で「中華電影聯合股份有限公司」（華影）が設立され、上海の映画製作は一元化されるに至った。終戦までの三年間に一三〇本あまりの映画がつくられているが、そのほとんどは通俗的な時代劇であった。

また、一九三七年に満州で発足した「満州映画協会」（「満映」）、一九三九年に北平（現在の北京）で発足した「華北電影」は、いずれも日本の統制下に置かれたものであり、日本側の国策に沿ったプロパガンダ映画が数多くつくられた。

その一方で、蔣介石率いる国民党は、武漢、重慶、太原などの各地を転々としながら抗日映画をつくり続け、さらに、共産党の根拠地である延安や、香港においても抗日に主眼を置いた映画が一応は製作されていたものの、戦時下の劣悪な製作状況もあって、終戦までの中国映画は沈滞期に陥った。

一九四一年一二月の太平洋戦争の勃発以来、日本の占領下に置かれた上海で、それまで主にハリウッド映画を上映していた映画館は、敵国の映画上映を打ち切り、日本映画や中国映画の上映に切り替わり、中国人向けの日本映画専門館までも現れた。終戦までの三年ほどの間に、一〇〇本以上の日本映画が上映された。日本映画の巨匠である小津安二郎、溝口健二、成瀬巳喜男、清水宏、稲垣浩、黒澤明、木下恵介、山本薩夫の作品がこのときに初めて中国のスクリーンに登場した。

川喜多長政が仕切っていた「中華電影」のもとで、多くの中国の映画人たちは、メロドラマや時代劇を撮り続けていた。日本映画についての感想を求められる際に、社交辞令的な賛辞を述べる者がいる一方で、冷ややかな態度を示す者もいた。

たとえば中国メロドラマの大家・卜万蒼は、黒澤明の『姿三四郎』（一九四三年）を観て、その撮影と録音技術の高さやテンポのよさを評価しつつも「両国の国民性の違いによって、日本人の生活習慣や風習に疎い私たちには理解できず、受け入れられない内容が多い」(2)と述べていた。

中国のホラー映画の巨匠で、顔面損傷というモチーフへの執着でも知られる馬徐維邦（マーシュイ・ウェイバン）監督は溝口健二監督の『元禄忠臣蔵・後編』（一九四二年）を観て、つぎのように感想を述べている。

〈上〉上海「大華大戯院」（ROXY）。1943年。
写真協力：（財）川喜多記念映画文化財団
〈下〉『元禄忠臣蔵・後編』。江戸城の松の廊下

随分大掛かりなのに驚きました。とても上海の撮影所ではできない。技巧も目新しいものがあります。しかし、私たちには分からないところがある（3）。

馬徐維邦監督にしてみれば、「忠臣蔵」というきわめて日本的な仇討ち物語は、そもそも理解しがたいものを含んでいるであろう。そして、大石内蔵助が率いる四七人の義士は、吉良邸に討ち入るという見どころが画面に登場せず、その代わりに奥女中が亡き主君浅野内匠頭の正室に内蔵助からの手紙を読むシーンを通して間接的に表現されている手法、あるいはロングショットに徹する溝口の趣向に対しても、馬徐維邦監督は堅苦しく感じたのではないだろうか。

いっぽう、親日的な映画評論家による日本映画評も上海の映画雑誌や新聞に見受けられる。

最近『花咲く港』（一九四三年）でデビューした木下惠介は、マキノ雅弘を追い越すいきおいを見せている。『熱風』（一九四三年）を手掛けた山本薩夫は、その演出が骨太でハリウッドのセシル・B・デミル監督の風格を持っており、しかもダイナミックなストーリー展開に細やかな情愛が折り込まれている作風も目を引く。

小津安二郎の『父ありき』（一九四二年）、稲垣浩の『無法松の一生』（一九四三年）は演出が細かすぎてモンタージュの技法を本格的に使っておらず、テンポが遅い（4）。

占領下という政治状況に加え、日本映画は三年間の短い期間に上海という限られた地域の一部の映画館で上映されたに過ぎず、日本側と何らかの接点を持つ中国人にしか触れる機会はなかった。日本映画の巨匠たちと中国との出会いは、不幸なものだったといえよう。

一方、日本の傀儡国家だった満州と、占領下に置かれた北京でも映画館のみならず、巡回上映の形を通じて、日本映画が数多く上映されていたが、一般の中国人には広まらなかった。「満州映画協会」は、多くの中国人スタッフを採用したとはいえ、映画製作の主体は日本人であり、共同監督とされている中国人監督の多くは、実際には現場で日本人監督が中国人スタッフや俳優とコミュニケーションを取る際の日本語通訳を務めていた（5）。そもそも満州では、上海とは違って映画文化がそれまでになかったため、日本映画は中国の人々の心に響いていたとは考えにくい。「満映の弟分」だった北京の「華北電影」の状況もさほど違わなかった。

その中で、戦中の日本映画が意外なところで中国映画に直接の影響を与えた事例もあった。旧満映の内田吐夢、木村荘十二ら日本人スタッフは、戦後も中国にとどまり、社会主義新中国の映画製作の基礎を築き上げた。中国人スタッフに映画の演出を教える際に、内田吐夢は旧満映の倉庫にあった稲垣浩監督の『無法松の一生』のフィルムを教材として使い、ラストシーンにおける編集のテクニックを取りあげたという（6）。

この時代、一九三〇年代から四〇年代後半にかけて活躍していた呉永剛、孫瑜、費穆、沈西苓、蔡楚生、程歩高、卜万蒼、馬徐維邦、鄭君里（チョン・チュンリー）、沈浮（シェン・フー）、桑弧（サン・フー）らは、中国映画史における「第二世代監督」と見なされている。

第三節　冷戦時代と日本独立プロ作品の対中輸出

一九四九年に中華人民共和国が成立し、中国は社会主義路線を歩むようになる。新中国政府によって、映画は大衆教育の重要な手段と位置づけられ、中国映画は完全に国家産業化され、ソ連式の管理システムが導入された。イデオロギー的な要請に応えるという制約下においても、かつて上海や満州で映画製作を学んだスタッフ、そして共産党の根拠地であった延安から来た革命家出身の監督は、双方が協力しあうかたちで新中国の映画文化を築いていった。一九四九年以降、監督デビューした謝晋（シェ・チン）、凌子風（リン・ツーフォン）、成陰（チェン・イン）、張水華（チャン・シュイホワ）、崔巍（ツイ・ウェイ）、謝鉄驪（シェ・ティエリー）、蘇里（ソー・リー）、林農（リン・ノン）、厳寄洲（イェン・チーチュウ）らは「第三世代監督」と呼ばれている。

戦後、はじめて中国で公開された日本映画『どっこい生きている』。写真提供：山本駿

いっぽう、一九四五年に終戦を迎えると、日本映画は中国のスクリーンから姿を消し、一九四九年の中華人民共和国が成立した後もしばらく上映されなかった。しかし、一九五四年になると『どっこい生きている』（今井正監督、一九五一年）『箱根風雲録』（山本薩夫監督、一九五二年）『二十四の瞳』（木下恵介監督、一九五四年）などの日本映画が立て続けに中国全土で一般公開され、文化大革命が始まった一九六六年までに計二〇本の日本映画が上映された。

これらの日本映画は、反戦や軍国主義批判、戦後日本社会の資本主義の諸矛盾をテーマとしている。『二十四の瞳』のようなわずかな例外を除けば、日本の左翼映画人による独立プロの作品だった。

木下恵介の「センチメンタリズム」と新藤兼人の「ドキュメンタリータッチ」

その頃、今井正、山本薩夫、新藤兼人、木下恵介の演出が一般観客のみならず、中国の映画人からも極めて高い評価を得た。日本でも『芙蓉鎮』（一九八七年）で知られる謝晋監督は、二〇〇六年に著者によるインタビューの中で「『二十四の瞳』の群像劇のつくり方や、子役の演出など、大いに学んだ」と語っている(7)。

一九六一年に中国で公開された『裸の島』（新藤兼人監督、一九六〇年）は、中国第三世代監督の凌子風に大きなインスピレーションを与えた。一九六二年四月に「中国電影工作者訪日代表団」のメンバーとして来日した凌監督は、新藤監督と話し合い、『裸の島』を模した全編せりふを使わない実験的な中国映画をつくろうと思い立った。台本を完成し、内モンゴルへのロケハンまでおこなったにもかかわらず、撮影条件が整わず、立ち消えとなった(8)。

『裸の島』の影響は、一九八〇年代初頭に、中国唯一の映画大学「北京電影学院」に在学中だった第五世代監督・陳凱歌（チェン・カイコー）、張芸謀（チャン・イーモウ）、田壮壮（ティエン・ジュワンジュワン）にも及んでいる。田壮壮は『裸の島』を内モンゴルやチベットの大自然に物語の舞台を変えて再現して、『狩り場の掟』（一九八四年）、『盗馬族』（一九八六年）などの代表作が生まれたと監督自身が認めている(9)。

〈上右〉謝晋監督と高野悦子。2006年。撮影：劉文兵
〈上左〉北京を訪れる木下惠介監督（左から２人目）。1977年。写真提供：佐藤純子
〈右〉1962年、日本訪問中の凌子風監督（右端）。写真提供：佐藤純子
〈下〉『裸の島』撮影風景。乙羽信子と新藤兼人監督。写真提供：近代映画協会

黒澤明の不遇

日本では、独立プロが大きな存在感を見せる一方で、小津安二郎、溝口健二、成瀬巳喜男、黒澤明は、大手映画撮影所の巨匠として活躍し、日本映画の黄金時代を築き上げたが、同時代の中国には紹介されなかった。

一九五七年に訪中した日本映画人代表団は、黒澤明の『七人の侍』（一九五四年）を携え、日本映画の最高峰ともいえる本作を知ってもらおうと中国の映画人のために特別試写をおこなったが、「いわゆる武士道精神がよく描かれているのだろうが、当時の歴史的背景を知らないので、理解しがたい点がある」(10)と中国側の反応は冷淡だった。作品に描かれた野武士と正義の味方の七人の侍の闘いは、有産階級VSプロレタリアートという階級闘争の図式に収まらないからではないだろうか。当時の中国では、独立プロ作品以外の日本映画を受け入れる土壌はほとんどなかった。

黒澤明が中国で話題となったのは、文化大革命（一九六六～七六年）の末期にソ連との合作『デルス・ウザーラ』（一九七五年）によるものだった。ロシア人探検家と先住民のデルス・ウザーラの交流を描いた作品であり、現在の中国とロシアの国境付近を舞台にしているため、中ソ対立のさ中にあった中国側は敏感に反応し、中国語に翻訳された『デルス・ウザーラ』の台本に基づいて、痛烈な批判を加えた。

黒澤明が再び中国で一般的に取り上げられたのは、映画の巨匠としてではなく、一九九〇年代後半に、その名前が「黒く光沢をもつ」という意味で整髪料のコマーシャルに用いられたことであった。

Ⅱ　中国の改革開放政策と日本映画の絶大な影響

一九六六年に文化大革命が勃発すると、中国は大きな混乱に包まれた。そして、文革の混乱に晒されたのは、中国の映画産業もまた同様であった。文化大革命の一〇年間、中国国内で製作されたのは僅か数十本のプロパガンダ映画のみであり、その中で新しいプロレタリア文芸の原則が提起された。それによって英雄的な善玉を撮る時は大きく立派にみえるように下から見上げる仰角で撮り、悪者の卑小さを強調する時は俯角で撮るようにキャメラワークまで厳しく規定され、特異な映画言語が形成された。

一九七六年、一〇年間続いた文化大革命が終わり、また日本と中国の国交正常化の実現（一九七二年）に続いて、日中平和友好条約の締結（一九七八年）を受けて、日中映画交流は一気に加速した。一九七八年十一月に、中国の八つの大都市で第一回日本映画祭が開催された。その中で上映され、のちに全国へ配給された『君よ憤怒の河を渉れ』（佐藤純彌監督、一九七六年）、『サンダカン八番娼館　望郷』は中国での外国映画上映史上、空前絶後の大ヒットとなり、改革開放時代の到来を表すシンボリックな作品となった。

その翌年からは、『愛と死』（中村登監督、一九七一年）、『人間の証明』（佐藤純彌監督、一九七七年）、『砂の器』（野村芳太郎監督、一九七四年）、『華麗なる一族』（山本薩夫監督、一九七四年）、『金環蝕』（山本薩夫監督、一九七五年）、『絶唱』（西河克己監督、一九七四年）、『遙かなる山の呼び声』（山田洋次監督、一九八〇年）といった、よりバリエーションに富んだ日本映画が続々と中国に輸入され、さらなるセンセーションを巻き起こした。

第二回日本映画祭会場（上海）の大盛況、1979年。前から栗原小巻、中野良子、吉永小百合、渡辺篤史。写真提供：栗原小巻

当時の日本映画の中国への輸出は、主に一九七八年から九一年に至るまでほぼ毎年中国で行なわれた「日本映画祭」を媒介としていた。このイベントの主催者は、中国側が国内の映画配給網のピラミッドの頂点に君臨し、また映画の輸出入事業を統括する「中国電影公司」であるのに対して、日本側は「日本映画製作者連盟」が正式な主催者となっているとはいえ、その中核的役割を果たしたのは、中国関連事業を専門とする徳間書店の子会社、東光徳間であった。保有外貨が限られている中国の経済事情にあって、代表の徳間康快氏は採算を度外視してまで日本映画の紹介につとめていた。毎年、「日本映画祭」で上映された日本映画は、そのあと中国の各地へ配給され、そのルートに乗って、同映画祭が打ち切られた一九九一年までの一四年間で八〇本以上の日本映画が中国全土で一般公開されたのである。それによって持続的な日本映画ブームが形成されることとなった。

第一節　第四世代監督と日本映画の出会い

一九七〇年代末から八〇年代前半にかけては、中国における日本映画の最盛期であり、その頃、もっとも支持を集めた監督は佐藤純彌、熊井啓、中村登、山田洋次だった。

佐藤純彌監督は『君よ憤怒の河を渉れ』、『人間の証明』の大ヒットに続いて、中国側の指名により『未完の対局』（一九八二年）、そして代表作の『敦煌』（一九八八年）を日中共同製作の形で撮った。『サンダカン八番娼館　望郷』に続いて、一九七九年に熊井啓監督の『お吟さま』（一九七八年）も中国に輸入され、彼が長年温めていた『天平の甍』（一九七九年）も中国側の撮影協力を得て、戦後、初めて中国ロケを敢行した日本の劇映画となった。

武者小路実篤の小説「友情」と「愛と死」を原作とした『愛と死』は、文革終焉直後の中国人にとって、きわめて洗練された斬新な恋愛映画と見なされ、社会現象となり、桜田淳子主演の『白い少女』（一九七六年）も一九八〇年に中国でテレビ放映され、大きな反響を呼んだ。それらの作品の演出を手掛けた中村登は、中国において恋愛映画の巨匠として不動の地位を築いた。

〈上〉『君よ憤怒の河を渉れ』の撮影現場。左から徳間康快、佐藤純彌監督、永田雅一、原田芳雄。写真提供：佐藤純彌
〈下〉『愛と死』の撮影風景。左から伴淳三郎、栗原小巻、東山千栄子、中村登監督。写真提供：中村好夫

「新奇」な映画技法への模倣

これらの日本映画を手本に、文革時代のコードを打破し、映画技法の革新を試みたのは中国の「第四世代監督」だった。陳凱歌、張芸謀、田壮壮ら第五世代監督に比べて、黄健中（ホワン・チェンチュン）、滕文驥（トン・ウェンジー）、楊延晋（ヤン・イェンチン）、呉天明（ウー・ティエン

黄健中監督の日本映画コレクションの一部。2014年。撮影：劉文兵

黄健中監督

ミン）、呉貽弓（ウー・イーゴン）、謝飛（シェ・フェイ）、鄭洞天（チョン・トンティン）、張暖忻（チャン・ヌアンシン）、王好為（ワン・ハオウェイ）といったいわゆる第四世代監督は、いささか影の薄い存在である。彼らは一九四〇年前後に生まれ、文化大革命勃発（一九六六年）まで助監督やスクリプターとして映画製作に携わったものの、文革の混乱で中年に至ってしまった世代であり、文革終結後、ようやくメガホンを執るようになったが、第五世代の衝撃的なデビューによって、その輝きが打ち消されてしまった悲劇的な存在ともいわれている。

ところで、一九七〇年代末から一九八〇年代初頭にかけて、第四世代監督らは、文革の時代に許容されなかったアクションものや恋愛映画などの娯楽作品、そして、文革の罪を告白するセンチメンタルな「傷痕映画」を数多く製作した。その中で、彼らは『君よ憤怒の河を渉れ』における素早いズームショット、ストップモーション、フラッシュバックの手法を、自らが手掛けた中国のアクション映画に、そして、元海外売春婦（田中絹代）に対してアジア女性史研究家（栗原小巻）が行うインタビューを軸に彼女たちの苦難に満ちた過去が回想されるという『サンダカン八番娼館 望郷』の物語構成や、同映画の中で売春を強要されるヒロイン（高橋洋子）の逆さま状態の歪んだ顔が、高揚した音楽と共に素早いズームショットで大写しされるという演出を、そのまま「傷痕映画」に取り入れた。

さらに、第四世代監督の映画製作の指針となったもう一つの特権的な映画は、中村登監督の映画『愛と死』だった。キャメラワークやBGM、ショットつなぎによって、センチメンタルなムードを醸し出すことが第四世代監督の常とう手段となったが、『愛と死』は間違いなくその下地であった。大戦中に上海で上映され、好評を得た吉村公三郎監督の『暖流』（一九三九年）、そして戦後の中国でヒットした木下恵介の『二十四の瞳』、さらに文革後の『愛と死』は、松竹センチメンタリズムの系譜を中国の観客や映画人に強く印象づけた(11)。

第四世代監督の中で中核的な役割を果たした黄健中は二〇一四年に著者によるインタビューの中で「登場人物の内面的な感情の変化が視覚的な映像や音声によって表されるという点において、アラン・レネ監督の『二十四時間の情事』（一九五九年）と『愛と死』を参考とした」と語っている。

しかし、その頃の第四世代監督作品を改めて見直すと、そのほとんどは過去の日本映画の陳腐な技法への表面的な模倣のレベルにとどまっており、独自の映画言語の形成に至らなかったと言わざるを得ない。このような限界にいち早く気付いたのは、第四世代監督自身だった。

一九八一年になって、張暖忻は「映画言語のモダニズムはスローモーションやストップモーションといった表面的な技法にとどまるものではなく、映画の神髄から発する根本的な斬新さでなければならない」(12)と主張したように、最初のうちは文革体制への反動として、外国映画の技法をそのまま反復していた第四世代監督は、次第に自分たちのオリジナリティーを追求するようになった。その転換期において、大きな役割をはたしたのは山田洋次監督の『遙かなる山の呼び声』だったように思われる。

「随筆的」な『遙かなる山の呼び声』

寅さんシリーズや、『幸福（しあわせ）の黄色いハンカチ』（一九七七年）、『キネマの天地』（一九八六年）

などの山田洋次監督作が中国で次々と上映されたが、もっとも中国人に愛された作品は、一九八一年に公開された『遙かなる山の呼び声』であった。第四世代監督の王好為は二〇一五年に著者によるインタビューの中でつぎのように語っている。

はじめて『遙かなる山の呼び声』を観たのは、一九八一年の春、山田洋次監督をはじめ、山本薩夫監督、徳間康快さんが『遙かなる山の呼び声』のフィルムを携えて、北京映画撮影所を訪問した時でした。(中略)作品のなかに広がる美しい原野や魅力的な人物像、淡々としたストーリー展開、清新なディテールの一つ一つに、私は戦慄を覚えました。文学作品に例えれば、この映画は随筆、あるいは散文詩にあたるでしょう。つまり、一見あっさりしたものに見えますが、上品な趣があって、見る人に深い感動を与えます。私は観終わったその日の夜、興奮して一睡もできませんでした。『遙かなる山の呼び声』との出会いに、私は運命的なものを感じました(13)。

1981年、北京映画撮影所を訪問する山田洋次監督(左)と山本薩夫監督(中央)。写真提供:楊静

その後、王好為監督の作風に大きな変化が起きた。すなわち、起承転結のはっきりしたストーリー展開や、単純明快なハッピーエンドを回避するとともに、小さな日常的なエピソードの一つ一つで作品を構成していく「随筆的な」映画の製作を追い求めるようになったという。

ところが、『遙かなる山の呼び声』が及ぼした影響は王好為、あるいは第四世代監督にとどまらなかった。たとえば、映画研究者田永傑(ティエン・ヨンジェ）は、二〇〇〇年以降の中国における岩井俊二監督の影響について言及する際に、「ドラマチックなストーリー展開を排除し、日常世界を淡々とフィルムに収める岩井俊二の作風は、映画史的に考えると、『遙かなる山の呼び声』に遡ることができる」(14)と指摘している。つまり、『遙かなる山の呼び声』が断片的なエピソードをつうじて醸しだした日本的情緒は、一九八〇年代の中国映画に大きな衝撃を与えていたが、そのような日本的情緒の再来は、岩井俊二監督の一連の作品にほかならない。本書の第Ⅲ部で詳しく紹介することとなるが、『遙かなる山の呼び声』に端を発した「日本的」な演出は色あせることもなく、その後も岩井俊二監督の作品によって受け継がれ、中国の観客に受け入れられてきている。

日本映画といえば、多くの中国人にとって「身の周りの何気ない日常、緩いテンポ、細やかな感情表現、詩的なムード」といったイメージが喚起されるが、『遙かなる山の呼び声』によるところは大きいのではないだろうか。

第二節　第五世代監督にとっての日本映画

日本でもお馴染みの第五世代監督のほとんどは、一九七八年から八二年にかけて北京電影学院に在籍していた。その当時、映画について専門的に学ぶ立場でありながらも、教材として鑑賞できる外国映画の数は限られていた。そこで、劇場公開された外国映画、とりわけ日本映画から大きな刺激を受けた。

二〇〇六年の著者によるインタビューの中で、張芸謀は、学生時代に観た日本映画として『君よ憤怒の河を渉れ』『サンダカン八番娼館　望郷』『キタキツネ物語』（蔵原惟繕監督、一九七八年）『愛と死』『人間の証明』『砂の器』『あゝ野麦峠』（山本薩夫監督、一九七九年）『華麗なる一族』『金環蝕』『アッシイたちの街』（山本薩夫監督、一九八一年）『泥の河』（小栗康平監督、一九八一年）『日本フィルハーモニー物語／炎の第五楽章』（神山征二郎監督、一九八一年）を挙げている。第五世代の映画人が大学に提出した卒業論文の中でも、これらの日本映画をテーマとするものが数多く見られ、そのインパクトの大きさが分かる。

張芸謀監督と高倉健。撮影：今津勝幸

特権的な『砂の器』と『泥の河』

張芸謀監督、そして二〇一四年に著者が取材した陳凱歌監督は口をそろえて、当時、北京電影学院の学生の間で最も話題となった日本映画の一つが『砂の器』だったと振り返っている。

一九七九年から八〇年にかけて北京電影学院で繰り返し上映された『砂の器』は、当時の若き第五世代においで特権的な作品の一つだった。陳凱歌が演出し、張芸謀がキャメラを担当した『黄色い大地』では、オレンジ色を背景に映し出した登場人物のシルエットは印象的であるが、『砂の器』の冒頭で子どもが砂の器をつくるシーンを強く想起させる。また、『砂の器』の中で屋根や材木の一部を画面の全景に据えつつ、シネマスコープを用いて画面奥の人物を撮るという独特な構図が数多く見られるが、これは『黄色い大地』をはじめ『一人と八人』（張軍釗（チャン・チュンチャオ）監督、一九八四年）『黒砲事件』（黄建新（ホワン・チェンシン）監督、一九八五年）などの第五世代監督作品においても多用されている。左右対称の端正な構図を基本とする過去の中国の映画言語体系を打破するために、第五世代は意図的にアンバランスな構図など大胆な視覚表現を盛んに用いた。その際に彼らがひそかに参照したのは『砂の器』である。彼らは『砂の器』のさまざまな可能性をさらに発展させ、独自の映画表現を築き上げたといえる。

陳凱歌監督は、現在の中国を舞台に、父親が苦労しながら息子をバイオリニストに育て上げていくというストーリーの『北京ヴァイオリン』（二〇〇二年）を監督したが、親子の絆というテーマのみならず、バイオリニストとして成功した息子が演奏するシーンで主人公の回想シーンが交錯するという演出、さらに『砂の器』で父親と共に放浪する息子が手に持つ鈴の音を再現した効果音まで取り入れている。陳凱歌監督は『砂の器』にひそかなオマージュをささげているように思われる。

また、『泥の河』も多くの中国映画人の記憶に留まり続ける名作である。著者によるインタビューの中で、張芸謀は自らキャメラを手掛けた『黄色い大地』におけるフィックスの長廻しのキャメラワークは、『泥の河』に影響されたものだと証言しており、田壮壮や、第六世代の王超（ワン・チャオ）監督も『泥の河』を観た時の感動や、その後、自身と小栗康平監督との親交について振り返っている。

小栗康平監督（右）と対談する王超監督（左）。2015年、ポレポレ中野にて。撮影：劉文兵

『羅生門』の思想性

いっぽう、北京電影学院の学生時代に、第五世代映画人は一般公開以外の日本映画に接する機会があったことも見逃してはならない。一九八〇年、内部試写で上映された黒澤明の『羅生門』は、そのころ彼らが観た数限られた日本の名作映画の一つだった。

張芸謀監督の『紅いコーリャン』（一九八七年）では、コーリャン畑を駆け抜ける主人公の姿を追うダイナミックなキャメラワークのみならず、バックミュージックも『羅生門』のそれと酷似していることが公開当時の中国と日本の映画評論家によって指摘されていた。

二〇一八年に著者のインタビューに答えた陳凱歌監督は、『羅生門』を例にとり、日本映画の思想性について、次のように語っている。

黒澤明作品からも、その思想性を感じることができます。電影学院の学生時代、『羅生門』（一九五〇年）を観た後、僕は、「この映画は何を語ろうとしているのだろう」と考え込んだ。作品を通して僕は、まるで戦後の日本人が、「何が起きたのか？どうしてこうなったのか？」と自問しているように感じた。でも、この作品に描かれたように、その問いに対する決まった答えなんてものはどこにもありません。中国でも、『羅生門』が結論の出ないことの代名詞となっていて、「これってつまり、『羅生門』なんだよ」ってよく言います。優れた監督の作品は必ず思想性に富んでいる。じっくり考えさせてくれる。映画に思想がなくなったら、巨匠の名にふさわしい映像作家の時代が終わることを意味するでしょう(15)。

中国の歴史や、伝統文化のルーツ、中国人のアイデンティティーについてのメッセージ性と、そして人間と自然の関係の描写によって、世界に強烈な印象を与えた第五世代監督だが、黒澤明のほか、今村昌平、大島渚らの日本映画に触発された側面も看過してはならないだろう。

『楢山節考』の衝撃

一九八四年三月三一日から四月四日にかけて、国際映画シンポジウムが北京で開催され、マーティン・スコセッシが『タクシードライバー』（一九七六年）を、今村昌平が『楢山節考』（一九八三年）を携えて参加した。計二十数本の外国映画と四本の中国映画が上映され、上映後に参加者は活発なディスカッションを行った。その中で最も大きな反響を引き起こしたのは『楢山節考』だった。

今村監督に同行した左幸子は「『楢山節考』の物語は、過去の寓話にとどまらず、現代の日本社会における女性問題を考える上でも示唆に富んでおり、大きな「現代的意味」を持っている」と本作を支持した。また、スコセッシ監督は「人間社会の根本的な問題、すなわち「生と死」に迫っており、映画が人間社会を映し出す鏡である以上、醜悪なものを表現することを恥じてはいけないことを『楢山節考』は改めて教えてくれた」と評した。

だが、シンポジウムに参加した中国側の映画人は異議を唱えた。「「生」を単に「性」をつうじて描くことは耐えがたい」「原始社会の人間や遅れた生活様式に対する描写は、自然主義の手法にすぎない。映画は美を表現しなければならない」と評した。それに対して、今村昌平は「『楢山節考』によって、表現したのは美である」と反論した。美、あるいはリアリズムに対する日中の映画人の見解の違いが浮き彫りになった(16)。

著者の取材を受ける陳凱歌監督（右）。2018年

『楢山節考』に登場するプリミティブな風俗描写と生々しいグロテスクなシーンは、中国側のシンポジウム参加者に大きな衝撃をもたらした。結婚できない貧しい男が雌犬とセックスする。農作業をする女の体を見て欲情した男が女を押し倒す。夫の家のジャガイモを盗んで実家に送った女の一族が生き埋めにされる。姥捨山に行きたがらない父親を息子が崖から突き落とす。自ら山に行くことを決心したヒロインが健康な歯を石で折る……

しかし、シンポジウムでの低い評価とは裏腹に、『楢山節考』はその後、幾世代の中国の映画人に支持されてきた。陳凱歌監督は著者によるインタビューの中でつぎのように語っている。

今村昌平監督の作品の中で一番印象に残ったのは『楢山節考』ですね。おそらく彼のナンバーワンではないでしょうか。カンヌ映画祭パルムドールの、最優秀作品賞にふさわしい作品。これ、昔の「姥捨て山」にまつわる風習を扱ったストーリーだけど、人間の命の尊さや、複雑な人間性の「もがき」、そして、母親に対する息子の関わり方を含めた、シリアスな内容だった。その作風は一言でまとめることはできないね。

今村監督はリアリスティックな描写に徹しているように見えます。しかし、そのリアリスティックな志向とは裏腹に、完成した作品は、表面的な現実の模写をはるかに超えている。僕は見終わってから、直視することのできない現実の悲惨さを突き付けられるとともに、深い感動をも覚えました。これこそ、監督の演出の力量によるものだと思う(17)。

宦官の背中で息を引き取る西太后。
『清朝最後の宦官　李蓮英』

劉暁慶さんと著者。2019年

第五世代の田壮壮監督作品『清朝最後の宦官　李蓮英』(一九九〇年)では、宦官が老いた西太后(劉暁慶)を背負って話し掛けながら部屋を歩き回り、西太后がその背中で息を引き取るというシーンがあるが、それは『楢山節考』の中で息子が母親を背負って山に向かう道行きのシーンを強く想起させるものである。ちなみに、西太后役を演じた劉暁慶も『楢山節考』の熱烈なファンであり、一九八四年一〇月にシンガポールを訪問した際に、現地のメディアの取材にたいして、「いままで最も好きな映画は『楢山節考』だ」と明言している(18)。また、二〇一九年に著者によるインタビューのなかでも、彼女は「人間性の本質に迫った、血みどろの表現の数々に本当に目を見張った」と『楢山節考』を観た時の衝撃を振り返っている。

新藤兼人と中国映画の性描写

一九八四年一〇月一五日から一九日にかけて、日中第一回映画シナリオシンポジウムが北京で開催され、新藤兼人、加藤泰らが参加し、六本の中国映画を鑑賞したうえ、中国側と意見交換した。その際に、日本映画人が口をそろえて指摘したのは、中国映画において性描写がまったく登場しないことだった。その不自然さが日本映画人という外からのまなざしによって、浮き彫りにされた。日中関係が蜜月期にあり、中国における日本映画の影響力も絶大だった当時、文化大革命の空白を経て再出発する中国映画には、日本側のノウハウや指導が必要であった。そのため新藤兼人らの批判的なアドバイスは、たちまち中国の製作側に伝わり、彼らに重視されることになった(19)。

一九八五年から、性を扱う、とりわけ女性の性的抑圧を主題とする中国映画が立て続けにつくられるようになった。貧困のため六歳の男子と結婚させられる女性の悲劇を描いた『トンヤンシー(夫は六歳)』(黄健中監督、一九八五年)、あるいは性的に不能な農村男性が妻の貞操をチェックし、束縛する『貞女』(黄健中監督、一九八七年)は、その代表的な作品であろう。日本でおなじみの『菊豆(チュイトウ)』(張芸謀監督、一九九〇年）もその延長にあるといえよう。とりわけ、福建省に存在していた貧しい農村での性にまつわる奇怪な風習を描いた『寡婦村』（王進（ワン・ジン）監督、一九八八年）は中国初の成人映画という触れ込みで売り出され、興行的に大成功を収めた。

いまだにレーティングシステム（年齢制限）を導入していない中国映画では、検閲によって性描写は厳しく制約されていることを付言しておく。そのためか、著者による中国の映画人に取材する中で、日本映画の過激な性描写や性的なイマジネーションに目を見張ったという証言も少なくない。最もよく取り上げられるのは、大島渚の『愛のコリーダ』（一九七六年）だった。中には『鉄男 TETSUO』（塚本晋也監督、１９８９年）の中で、男性器がドリルに変わるというシーンに打ちのめされ、トラウマとなったという若手監督もいた。

第三節　第六世代監督と日本映画との多様な関係性

一九九〇年代以降、賈樟柯（ジャ・ジャンクー）、婁燁（ロウ・イェ）、王兵（ワン・ビン）をはじめとする中国第六世代監督によるインディペンデント映画の作品群は、その高い芸術性によって、日本でも高く評価されている。興味深いことは、第五世代監督が大学在学中に観ていた日本映画を、第六世代監督もその少年時代にリアルタイムで観ていたことである。

『君よ憤怒の河を渉れ』、『アッシイたちの街』といった日本映画に中国の若者が熱狂するというシーンが第六世代の作品『デッド・エンド　最後の恋人』（婁燁監督、一九九三）、『シャンハイ・ドリームズ』（王小帥（ワン・シャオシュアイ）監督、二〇〇五年）にしばしば登場している。

二〇〇七年の著者によるインタビューの中で、賈樟柯監督はつぎのように語っている。

もともと『プラットホーム』（賈樟柯監督、二〇〇〇年）の台本においては『君よ憤怒の河を渉れ』や『アッシイたちの街』だけでなく、山口百恵主演の「赤いシリーズ」などのテレビドラマを取り入れることも予定していました。実際に撮影も行われていたのですが、オリジナル作品の一部を使用するためには、版権の問題をクリアせねばならず、予算不足のために結局それらのシーンを断念せざるを得なくなったのです[20]。

そして、第六世代監督の一人で、北京電影学院時代に賈樟柯監督のルームメイトとなった王超監督は、他に類を見ない日本映画マニアだった。南京で少年時代を過ごしていたころに映画館で観た日本映画について、二〇一八年に著者に次のように語っている。

『アッシイたちの街』。写真提供：山本駿

少年時代にさまざまなルートをつうじて、人間性を養い高める「人間教育」を受けることができたことを、大変幸運だったと思う。なかでも、日本映画は、欧米の古典文学と並んで少年時代の私に最も大きな影響を与えた。言ってみれば、一種の啓蒙であった。日本映画との出会いのなかで、人間性を見つめる視点が得られ、人格も形作られたといえる。

その点において、私たちは第五世代監督と一線を画している。一〇代だった彼らは、文化大革命の影響でまともな学校教育も受けられず、農村やへき地に下放され、大きなブランクができてしまった。なぜ私たち第六世代監督は、ヒューマンなテーマを軸に据えたアート系作品をつくり続けているのか。私たちのスタートラインは人並みのもので、永久不滅な価値のあるものとは何かを知っているからだ。

いっぽう、その時代に日本の社会派映画からも大きな影響をうけた。私たち第六世代監督の作品には、中国社会の低層にスポットライトをあてた作品が多いので、国際映画祭に参加するたびに、「そのような映画作りには、どんな外国映画の影響があったのか」と、決まって西側のジャーナリストに質問される。私たちは思わず、イタリアネオリアリズムなど、北京電影学院で教わったヨーロッパの名作を挙げていた。しかし、よく考えると、少年時代に観た日本映画の影響はそれ以上に大きかったのではないかと思う。たとえば、当時の若者と同じように、私は山本薩夫監督の『アッシイたちの街』に登場するよれよれのジーンズをはいて、ぼさぼさの髪の毛でギターを弾き語る若者たちの姿に夢中になった。しかしそれと同時に、下町の町工場で働き、名もない人々に焦点を当て、彼らに寄り添う山本薩夫監督のビジョンにも大変共感した。ほぼ同じ時期に観た山本監督の『あゝ野麦峠』（一九八二年）や、熊井啓監督の『サンダカン八番娼館　望郷』も同じ系譜にあったが、さらにそのルーツを、一九六〇年代に中国で公開された『裸の島』などの独立プロ作品に遡ることができるかもしれない(21)。

中国の歴史や文化を強く想起させるダイナミックな記号としての人間像が第五世代を特徴付けるものであるとすれば、現代の中国社会に身を置く等身大の人間の心の機微をみずみずしい筆致で描き出すのが第六世代監督の作風であり、両者の対照的な人間描写は、それぞれの日本映画の受容のされ方の違いによるところもあったのではないだろうか。

Ⅲ　今、日中映画の最前線

二〇一二年、中国の映画市場は日本を抜き、北米に次ぐ世界第二位のシェアまで上り詰めた。二〇一五年には、日本の四倍にも相当する市場規模となり、二〇一七年にスクリーン数は世界第一位を記録した。このような巨大化した中国映画市場を支える主力となるのは、ファンタジックな大作映画やアクションもの、サスペンス、コメディ、恋愛ものなどのジャンル映画である。これらの映画の演出を手掛けるメジャーな監督の多くは、一九八〇年以降生まれの新世代の監督である。ちなみに、かつては、中国唯一の映画大学であった北京電影学院で学ぶことが映画監督になる必要条件だったが、二〇〇〇年以降は、より多くの大学などの教育機関が映画監督を養成しており、テレビ界、広告界、演劇界から流れてきたり、俳優やキャメラマン出身の監督もごく普通になっている。彼らは、大きな共通項を持たないため、第七世代と命名するには至らず、本書では新世代と呼ぶことにする。

新世代の監督たちは開放経済社会以前に国家公務員に準じる待遇を受けた第五世代、あるいは映像作家としての矜持を持つ第六世代の監督とは対照的であり、映画市場のさまざまな要請に柔軟に応えようとしている。

彼らは、日本の新作映画や名作アニメ、ゲーム、流行小説を浴びながら育った。これらは、彼らが映画を製作する際の重要なインスピレーションの源だったとしている。彼らの日本映画との距離感もまた独特で、バイオレンス映画なら北野武、恋愛ものなら岩井俊二、家族ものなら是枝裕和、サスペンスなら東野圭吾の原作というように、日本映画を具体的な目的を持ってプラグマティックに取り入れようとしている。

第三部では、新世代監督や中国の一般観客に幅広い影響を与えている代表的な日本の映画人を取り上げ、中国におけるその作品の受容をたどりつつ、新世代監督の映画づくりにどのように反映されているかを考察してみたい。

第一節　北野武の「暴力美学」と「冷面喜劇」

二〇二〇年九月、『菊次郎の夏』（一九九九年）は中国本土で初めて劇場公開された北野武作品として脚光を浴びた。それまでは北野作品は上海国際映画祭や、平遥（山西省）国際映画祭で特集上映か、プレミア上映の形で上映されるにとどまっていた。しかし、多くの中国の北野武ファンはすでに「非公式」の回路をつうじて北野世界に接してきた。すなわち、『HANA-BI』（一九九八）を皮切りに、『座頭市』（二〇〇三年）、『TAKESHIS'』（二〇〇五年）、『アキレスと亀』（二〇〇八年）、『アウトレイジ』三部作（二〇一〇〜一七年）、『龍三と七人の子分たち』（二〇一五年）など、彼のほぼ全作品は、ＤＶＤ、またはネット配信の形で広く流通していた。むろん、その一部は海賊版、または違法アップロードであった。

『菊次郎の夏』騒動

なぜ封切られてから二二年も経って『菊次郎の夏』が中国に輸入されたのか。それについて、中国のファンによるレビューにおいてさまざまな意見が見られる。

ほとんどの北野作品にはバカヤローなど汚い言葉に満ちていて、中国の映画検閲を通過できるはずもなかった。しかし、『菊次郎の夏』はバイオレンスのテーマよりも、ユーモラスで童心にあふれる、ほのぼのとした人情劇なので、一般公開にこぎ着けたのだろう。／北野作品が輝きを放った最盛期は日中関係の蜜月期に乗り遅れ、中国に輸入できなかった。しかし、近年、日本映画が中国映画市場に参入するようになったのに、残念ながら北野武は監督としての最盛期を過ぎ、話題作がなくなっており、仕方がなく代わりに旧作の『菊次郎の夏』を輸入したのではないか。／『菊次郎の夏』はアート系の作品で観客が少なく、配給しても赤字になるだろう。／公衆トイレでの子どもとゲイの男のシーンはきっとカットされるだろう。

中国版『菊次郎の夏』のポスターは、北野武監督とジブリアニメの作曲家として中国で人気の高い久石譲の二枚看板を用い、さらにカンヌ映画祭コンペティション部門出品作品を強調して芸術性の高さをアピールしている。

実は『菊次郎の夏』に登場する扇風機、渓流のせせらぎ、池のカエル、セミの鳴き声、キタノブルーに彩られた空や海は、すでにある世代の中国人の心象風景と化している。そこで、配給側は「もう一度映画館の大きいスクリーンで『菊次郎の夏』を観て、夏と別れを告げよう」というキャッチコピーを打ちだした。

さらに、ＳＮＳでは中国ファンへの北野武本人のメッセージ動画がアップされているようだ。しかし、蓋を開けてみると、用いられた映像はたけしが出演した日本のバラエティー番組の映像の流用であり、その中で中国語の吹き替えによってたけしは「早く『菊次郎の夏』のチケットを買い、夏と別れを告げよう」と必死に呼び掛けている。『菊次郎の夏』の中国での興行収入は九〇二・四万元（一億四千万円）となった(22)。

俗物的・ジャーナリズム的な人気

北野武の強烈なキャラクターは、映画作品だけではなく、著書や日本のメディアでの発言などをつうじて、中国人に強く印象づけられた。コメディアン、映画監督、作家、画家、ファッションデザイナーなど、次々と新天地を切り拓いていく北野武の奔放な生きざまを、羨望の眼差しで眺めている中国のファンは少なくなかった。「一九九〇年代生まれの社畜の俺は、どうしたら北野武のようになれるのか」といったネット上の書き込みが数多く見受けられる。

自称「中国の長澤まさみ」の女優、熱依扎（レイザ）は北野武あての公開書簡をメディアに流している。

学生時代に同級生から「この監督の作品を観ないと映画好きとは言えないぞ」と言われ、三文字の日本の映画監督の名前というおぼろげな記憶を頼りに探しだしたのが、北野武、あなたでした。あとになって分かったのですが、じつは友人に勧められたのは黒澤明でした。しかし、ギャングの親分というあなたの姿にすっかりはまったのです。（中略）変わったお願いですが、バカヤローとののしってもらえませんか。私だけでなく周りの多くの友達もそう言ってもらいたいのです。今の若い人は生きるのが大変で、あなたがいるからやっていけそうなんですよ(23)。

バイオレンスの演出と映画言語

中国の一般観客が北野武というキャラクターの抜群の面白さに引きつけられずにいられない一方で、映画監督北野武のバイオレンスの演出が、ジョン・ウー（呉宇森）、クエンティン・タランティーノと並ぶ、三大巨匠として中国の映画研究者の間でも広く認められている。そして、黒澤明から深作欣二を経由し、北野武、さらに園子温、三池崇史という日本のバイオレンス映画の系譜をたどる研究も数多く見受けられる。

一方、中国で「暴力美学」と命名された北野武によるバイオレンスの演出は多くの中国映画人に影響を与えてきた。路陽（ルー・ヤン）監督が脚本と演出を手掛けた『ブレイド・マスター』（二〇一四年）と、その続編にあたる『修羅　黒衣の反逆』（二〇一七年）は中国のカンフー時代劇に新風を吹き込んだ。その洗練された演出は日本でも高く評価された。路陽は著者によるインタビューの中でつぎのように語っている。

高校生だった僕は、ＤＶＤで観た北野武監督の『HANA-BI』（一九九八年）に強烈な印象を受けました。それまではハリウッドや香港のアクションものが大好きで、ドラマチックなストーリー展開とエンターテインメント性しか映画に求めていなかった。だけど、『HANA-BI』から映像作家の表現と訴えを感じ取り、映画メディアが娯楽以外の機能を持っていることを発見したんです。

その後、北野監督の全作品を観ました。チャンバラ時代劇の『座頭市』（二〇〇三年）も大好きだった。それに、黒澤明の『姿三四郎』（一九四三年）、『七人の侍』（一九五四年）、『隠し砦の三悪人』（一九五八年）といった時代劇も、自分が後にアクション時代劇をつくる土台となった（24）。

『修羅　黒衣の反逆』の撮影現場での路陽監督（右）。
写真提供：路陽

また、北野の影響は、中国の新人監督作品の映画言語にも顕著に現れている。たとえば、鵬飛（ポン・フェイ）監督が演出を手掛けた『ザ テイスト オブ ライス フラワー』（中国語題『米花之味』、二〇一七年）は中国雲南省の留守児童とその出稼ぎの母親を主人公としながらも、貧困や教育などの社会問題を取り上げるシリアスなドラマではなく、親子の絆にスポットライトを当てたみずみずしい作品に仕上げている。

鵬飛監督によると、「大人と子供の関係をテーマにした是枝裕和監督の『誰も知らない』(二〇〇四年)、『奇跡』(二〇一一年)、さらに北野武監督の『菊次郎の夏』を下地にしている」。ちなみに、鵬飛監督は北野武を尊敬するあまり、自らのSNSのアイコンを北野武の肖像にし、ミニブログのネームも「北野鵬」にしたようだ。

彼は自作と北野武との関係性についてインタビューの中で次のように語っている。

『HANA-BI』などの北野作品の中で登場人物が見つめ合う会話シーンは、劇中の時間が引き延ばされている半面、ストーリー展開のうえではほとんど何も起きていない。そして、カットバックの繰り返しのあとに、決まってどっちかの登場人物の顔のクローズアップで締めくくる。私は、列車で帰郷するヒロインとゆで卵売りの幼い少女が窓越しにやりとりをする『ザ テイスト オブ ライス フラワー』の冒頭シーンにおいてそれを再現した。

『あの夏、いちばん静かな海。』(一九九一年)の冒頭で、海のショットに続いて、ゴミ収集車の後ろに座っている二人の少年が映し出される。全く無表情だが、何とも言えない雰囲気がかもし出されている。セリフの代わりに、すべてを映像で語らせる北野武の手法は大変気に入った。『ザ テイスト オブ ライス フラワー』では、民族舞踊のパフォーマンスを見物する母と娘は、何の言葉も発せずにたたずんでいるが、娘はたまにチラッと母の顔を見る。それに応えて母親も見つめ返す。これらは意識的に北野作品をまねしたのではなく、無意識のうちに受けた影響だったかもしれない。

『ザ テイスト オブ ライス フラワー』の中で、数人の子供たちがポン菓子を食べながら一列に並んで歩くところを、カメラが横移動しながら撮るシーンがあるが、それは『座頭市』からの引用だ(25)。

映像美のみならず、冷たさの中に見せるぬくもり、ふざけているかと思いきや、キメ細かい思いやりも失わないといった『ザ テイスト オブ ライス フラワー』の微妙なバランス感覚は、北野作品に啓発されたものだったのかもしれない。つまり、『ザ テイスト オブ ライス フラワー』は、中国で「冷面喜劇」と名付けられた北野作品のユーモラスなアプローチを用い、シリアスな社会問題を軽やかに表現することに成功したといえるだろう。

二〇一八年、『ザ テイスト オブ ライス フラワー』は、「なら国際映画祭」に出品され、観客賞を受賞するとともに、映画祭エグゼクティブディレクターを務める河瀬直美の目にも留まった。それは、鵬飛監督の次回作『再会の奈良』(二〇二〇年)が、河瀬直美とジャ・ジャンクーによるプロデュースのもとで、奈良で撮影されたきっかけとなった。この作品は、二〇二〇年、東京国際映画祭で特別上映されたのち、二〇二一年三月に中国で劇場公開された。鵬飛監督が日本映画から感得した演出のノウハウは、この日中共同製作による『再会の奈良』において開花したのである。

第二節　岩井俊二監督と中国の青春映画

二〇一八年、岩井俊二が演出を手掛けた初の中国映画『チィファの手紙』が封切られ、中国本土(大陸)の観客が初めて映画館の大きなスクリーンを通して観た岩井作品となった。しかし、彼のそれまでの全作品はすでにＤＶＤやネット配信などの形で広く流通し、長年にわたって中国のファンたちに愛されてきた。そして、彼の人気を不動なものとした決定的な作品は『Love Letter』（中国語題『情書』、一九九五年）だった。

『Love Letter』の神話

『Love Letter』は、日本での封切りに続いて、一九九六年に台湾と香港でも劇場公開されたが、その当時、中国大陸には輸入されていなかった。しかし、香港や台湾での人気ぶりが、大陸にも伝わり、海賊版が横行していた当時、多くのビデオ制作会社がこの作品に目を付けた。海賊版のソースを現時点で特定することは難しいが、香港、台湾、日本で相次いでビデオ化、あるいはＤＶＤ化された正規版の複製だったように思われる。安価で販売され、広く流通していた複数のバージョンの海賊版は、岩井人気の火付け役となった。

二〇〇〇年代に入り、中国ではインターネット時代が幕開けとなり、『Love Letter』は、その後の岩井俊二監督作品とともに、この新しいメディアによってさらに広まった。二〇〇二年、中国中央テレビ（ＣＣＴＶ）は正式に『Love Letter』を輸入したとはいえ、自社の映画チャンネルで数回、放映するだけにとどまり、違法アップロードの影響力にははるかに及ばなかった(26)。『Love Letter』はロングヒットとなり、主演の中山美穂、豊川悦司、柏原崇は中国で極めて高い知名度を獲得したのである。

いっぽう、中国の映画研究者や評論家たちは、『Love Letter』について、ジャック・ラカンの鏡像段階理論や、フロイトの精神分析理論、ジュリア・クリステヴァの間テキスト性（インターテクスチュアリティー）の概念をもちいて、熱心にテキスト分析をおこなってきた。たとえば、中国を代表する映画研究者の一人戴錦華（ダイ・ジンホワ）は一九九〇年代の中国映画界を縦横無尽に論じる著書『隠形書写　90年代中国文化研究』（北京大学出版社、二〇二〇年）の中で『Love Letter』のために一章をもうけている。

岩井監督作品のファン層

岩井俊二作品のファン層は主に一九八〇年代、九〇年代に生まれた中国の都市生活者で、そして、男性より女性ファンのほうが多いようだ(27)。

一人っ子政策の産物である彼らは、家族の愛を一身に集め、良好な教育環境に恵まれた反面、受験戦争にストレスを抱え、他人とのコミュニケーション能力に欠けている世代でもあると言われている。そこで、彼らは岩井作品をつうじて、受験戦争で失われた青春やかなわない恋愛を疑似体験し、「青春や人生の良き日への思い出を淡々としたタッチで描きながら、観客がその美しい世界に酔いしれているところに、人生の残酷さを突如、突きつけられる」という岩井作品に心を奪われたことも容易に想像できるだろう(28)。

さらに、当時の中国において、『Love Letter』はトレンディードラマの一種として受容された側面も看過してはならない。九〇年代後半から二〇〇〇年代前半にかけて中国でも人気を集めていた日本の「トレンディードラマ」が東京や横浜などを中心に描かれたものが多い中で、『Love Letter』は小樽を舞台としたノスタルジックな作品であるにもかかわらず、中山美穂、豊川悦司、柏原崇らの姿は、当時の中国人の目に十分に「トレンディー」に見えた。

一九九〇年代後半以降、改革開放の成果として現れた中国の新興市民層、ホワイトカラーにたいして、『Love Letter』は純愛映画をつうじて、恋愛、仕事、ファッションやインテリアにいたるまで、新たなライフスタイルのモデルを提供したということも、岩井作品が中国で広く受け入れられた要因の一つとして挙げられるだろう。

中国青春映画の「教祖」

複数のストーリーラインが並行して進行したり、現在と過去が複雑に絡み合ったりする随筆的な物語構造、仰角や広角レンズを多用するキャメラワーク、柔らかい質感の白い画調、緩やかなテンポ、細やかな感情表現は、岩井作品の特徴として中国のファンを魅了し続けてきたが、それらは、また二〇一〇年代以降、製作された中国の青春映画や恋愛映画に大きな影響を及ぼしてきた。

『Love Letter』が広まっていた時代の中国では、青春映画というジャンルがまだ確立されていなかった。岩井作品や、その後の韓流作品の人気によって、純愛ものにたいする需要の大きさが認識され、中国産の青春映画も徐々に作られるようになり、二〇一〇年以降、その製作が隆盛を極め、中国映画市場を支えるメジャーなジャンルの一つとなった。

しかし、ストーリー設定からキャラクター、キャメラワークに至るまで、岩井監督の影響下でスタートを切ったとはいえ、その後、中国産青春映画の作風は著しく変貌した。すなわち、細かいカット割り、速いテンポ、わめいたり怒鳴ったりするオーバーな感情表現に加え、婚前交渉、堕胎、暴力描写などのセンセーショナルな内容もエスカレートしていった(29)。

二〇一五年度の統計によると、中国における年間映画観客動員数は約一二億人、その平均年齢は二二歳未満である。市場原理に基づいて、最大公約数の観客のニーズに応えるために、中国の映画製作は「ネット世代」と言われる観客の嗜好を無視できない(30)。

中国の映画研究者李駿(リ・ジュン)は、二〇一九年の時点でつぎのように指摘している。

インターネット時代の若者たちは、長い受験戦争を経てようやく大学に入るが、しかし、その大学では、

『Love Letter』のポスター

中国映画『七月と安生』。雪景色の中のヒロイン（馬思純）

学業に専念したり自分の世界に浸っていたりすることや、体制に反抗するという若者の特権を駆使することも、もはや不可能である。大学生たちは在学中につねに就職のことを考えつづけなければならず、家を買うことや、金儲けのことで頭がいっぱいだ。彼らは夢を追い求めるよりも、厳しい現実に妥協せざるを得ず、目先の利益しか考えられない。（中略…）純愛映画は、その主人公をネット世代の若者に設定する以上、成り立ちにくく、「ニセの青春」「ニセの純愛」と観客に揶揄されてしまうゆえんでもある(31)。

このように『Love Letter』に素直に感情移入できる土壌が現在の中国で失われつつある。さらに、「純愛映画のもつ癒しという機能が、インターネットが生みだしたさまざまな新しいメディアに担われるようになったため、純愛映画の需要は著しく縮小した」というのも、中国人の純愛映画離れの一因であると指摘されている(32)。

岩井監督作品へのオマージュ

岐路に立たされる中国の青春映画の製作に新しい方向性を示したのは二〇一六年に製作された『七月と安生』（中国語題『七月与安生』、曽国祥（デレク・ツァン）監督）であった。幼馴染の二人の女性の、二十数年にわたる友情を繊細に描いたこの作品は、映画評論によって高く評価され、さまざまな映画賞を受賞し、興行的にも成功をおさめた。

いっぽう、この映画は岩井俊二監督にオマージュを捧げた作品としても注目されていた。エンディングロールには「岩井俊二監督に敬意を表する」と明示されており、『Love Letter』のポスターでお馴染みの降る雪を見上げる中山美穂の横顔のアップや、雪景色の画面の奥へ歩いていく彼女の後ろ姿を、中国の女優がそのまま再現し、『花とアリス』における鈴木杏と蒼井優を彷彿させる女同士の絆を、中国のスター女優の周冬雨（チョウ・トンユィ）、馬思純（マー・スーチュン）が演じている。ちなみに、近年の中国では、スター女優がダブル主演の形で二人の女性の成長を追うという女性映画が立て続けにつくられてきているが、それらは岩井監督作品からの影響とみてまず間違いないだろう(33)。

岩井俊二の「日本的」なまなざし

二〇一八年十一月九日、中国で封切られた『チィファの手紙』（原題『你好，之華』）は、八〇一九万元（約一二億四千万円相当）の興行収入を稼ぎだし、二〇一八年度に劇場公開された三九八本の中国映画のうち、興収ランキングは四九位となった(34)。「文芸映画」にしてはヒット作と見なされてもよいだろう。

『チィファの手紙』のなかで、中国社会に注ぐ岩井監督の「日本的」なまなざしは中産階級にたいするものにほかならない。ロケハンに当たって、下町の雰囲気が漂う中国南部の都市はあらかじめ候補地から外し、岩井一行は中国北部の天津、大連、青島をまわった(35)。これらの都市は、いずれもかつてドイツや日本など外国の租借地・植民地だった。最終的に岩井監督の母親が生まれた大連に決めたという(36)。異国的ともいえる景観を背景に、中国の中産階級の暮らしが、岩井俊二という日本人の目からノスタルジックに捉えられているわけだ。

そのため、かつて『Love Letter』に魅了され、『チィファの手紙』をノスタルジーの対象として好意的に受け入れたのは中産階級の中国人であり、彼らが『チィファの手紙』の主な観客層となった。『チィファの手紙』の鑑賞は、彼らにとって『Love Letter』、そして、自らの過ぎ去りし青春にたいするノスタルジーを喚起する、スクリーン内外にまたがる儀式なのだ。

中国はここ二〇年のあいだ、順調に世界経済において勝利をおさめ、その結果、富裕層へと成り上がった人々の私的蓄財のみならず、社会的インフラも徐々に整備され、蓄積された資本はいまや現実に目の前にある。しかし、膨張した願望や欲望にたいして、実際に得られるパイが限られているという厳しい現実のはざまで、競争社会に由来するストレスや将来にたいする不安を解消するために、彼らは現実から遊離した夢や癒しが必要とされている。『チィファの手紙』は、こうした中産階級のメンタリティーにマッチしているといえる。

東アジアという枠組みの中の岩井俊二

そもそも中国映画『チィファの手紙』の原型ともいえるのは、二〇一七年に岩井監督がネスレコーヒーのコマーシャルとして製作した、韓国のミニ映画『チャンオクの手紙』である(37)。それに『チィファの手紙』の日本版である『ラストレター』(二〇一九年)を視野に入れると、東アジアの大きな枠組みの中で作品をつくるという監督の狙いが分かるであろう。

ほぼ同じストーリーの韓、中、日の三つのバージョンにおいては、重きを置く側面が微妙に異なっているようだ。韓国版は嫁姑の関係がメインとなっており、中国版は三世代の大家族の結びつきがストーリーを展開する原動力となっているとするなら、日本版はカップルの恋愛関係がストーリーの軸に置かれているように思われる。監督がそれぞれの国の文化的・社会的背景を考慮したからではないだろうか。そして、このような東アジアを視野に入れた映画製作のモデルは、岩井俊二の映像作家としてのオリジナリティーと、製作過程において果たしていたイニシアチブによって可能となったものではないだろうか。

第三節　「是枝裕和的」なものとは何か

一部の中国人の間では、「是枝裕和」は形容詞として用いられ、人間のタイプ、または作品の雰囲気を「是枝的」と表現する。それは「中庸」という中国の言葉に言い換えられるかもしれない。喜怒哀楽はあまり表に出さず、内面と行動の因果性を決め付けない人物描写、遠景のフィックスの長回し、気付かないほど緩やかなキャメラの移動、奥行きを強調した構図、自然光を用いたロケ撮影、何気ない日常の連続。これは中国人が言う「是枝的」なものであろう。走り去る新幹線の列車、蝶が飛ぶ幻想的な映像、打ち上げ花火を写す代わりに花火を見上げる人間の顔だけを撮るショットも「是枝的」なモチーフとして中国のファンたちに親しまれているようである。

中国人の対照的な反応

二〇一七年四月、北京国際映画祭において是枝裕和監督特集が催され、そのセット売りのチケットはネット販売が始まると、四五秒で売り切れとなり、同年十一月に『三度目の殺人』（二〇一七年）が「中国電影資料館（中国映画ライブラリー）」でプレミアム試写を行なわれる際も、チケットのネット販売は十秒で完売した。

北京に続いて、上海国際映画祭でも、是枝裕和監督作品のチケットはすべて手に入らないほど高い人気を集めていた(38)。

だが、翌年三月に『三度目の殺人』が「全国芸術電影連盟」傘下の中国各地の映画館で一般公開された際には、一般観客、とりわけ地方都市の観客はまったく対照的な反応を示した。上映中の映画館の寂れた様子は、北京、上海で開催された映画祭での根強い是枝人気から想像できないもので、興行収入は四五二・二万元(七〇〇〇万円)にとどまった(39)。ちなみに、中国映画市場でのヒットは一億元(十五億円)、ビッグヒットは一〇億元(一五〇億円)以上が目安となっている。

『三度目の殺人』の興行的失敗をうけて、『万引き家族』(二〇一八年)は、カンヌ国際映画祭のパルムドール受賞作が大きなセールスポイントになるにもかかわらず、中国の複数の映画配給会社は、商業ベースでの採算が難しいと判断し、中国への輸入に戸惑っていた。

そんな中で、大きな賭けに出たのは、配給会社の「路画影視」である。同社は『万引き家族』の上映権とネット配信権を手に入れ、中国最大の配給網である「華誼」「華夏」の二社を通して配給し、北京、上海などの大都市のみならず、地方都市への浸透を図った。その結果、『万引き家族』は九六七四万元(十五億円)の興行収入をあげ、中国における日本の実写版映画の興行的な記録を塗り替えた(40)。しかし、『万引き家族』はしょせんアート系作品の中のヒット作であり、中国のメジャーな映画観客層にとっては、是枝作品は相変わらずマイノリティーであることに変わりがない。

このような一般公開の場合と、映画祭上映での日本映画に対する受け止め方の温度差について、上海国際映画祭の運営に携わったプロデューサーの蔡剣平(ツァイ・ジェンピン)氏は著者のインタビューの中で次のように分析している。「日本映画ファンは、上海、北京、広州などの大都会に集中しており、しかも高学歴層が中心となっている。そちらで開催された映画祭で大きな反響を呼んだ作品であっても、全国で一般公開されるとなると、ヒットするとは限らない」(41)。

そもそも是枝作品はどのような経緯で中国へ渡ったのか、どのようにブレークするに至ったのだろうか。

是枝作品が中国へ渡った経緯

二〇〇六年に『誰も知らない』(二〇〇四年)を携えて上海国際映画祭に参加した是枝裕和監督は、中国のメディアからさほど注目されなかった。状況ががらりと変わったのは二〇一七年頃だった。すでに述べたように、是枝ブームの火付け役は、同年四月に開催された北京国際映画祭である。

北京国際映画祭をつうじて、いち早く是枝作品を中国に紹介したプロデューサーの沙丹(シャ・タン)によると、「奉俊昊(ポン・ジュノ)、朴賛浩(パク・チャヌク)と同じく、是枝裕和は、日本を代表する映画監督のみならず、国際的にも名が知られていて、いつしか中国で映画を製作してくれる可能性が十分にあるので、その将来性を見込んで彼の作品を中国に紹介したいと思い立った」(42)。

そして、特集上映に合わせて、訪中した是枝監督は作品上映後のＱ＆Ａを二回行い、北京「ブロードウェイ映画センター(百老匯電影中心)」において映画を志す若者との交流の時間を設け、さらに小説『歩いても歩いても』の中国語版のサイン会にも参加した。観客の熱気に驚いた是枝監督は「中国の皆さんは、なぜ僕の映画を好きなのか」と逆に客席に向かって質問したようだ。

是枝監督の問いに対して、「食卓を囲む一家団らんの場面は生活感にあふれており、子役の芝居が生き生きとしていて、家族のぬくもりの中に人生の残酷さと深刻な社会問題が顔を出している」など、中国のファンたちの回答はさまざまだが、「どれかの是枝監督の作品に描かれた家族を、必ず我が家のそれと重ね合わせて見ることができる」ことがその最大な理由であるようだ(43)。

「社会派」との違い

是枝作品に登場する家族はそれぞれ欠陥を持ち、貧困や離散、不慮の事故に遭い、甚だしきは『誰も知らない』『万引き家族』のように犯罪に関わる場合もある。しかし、「是枝監督はそもそも汚らしい猥雑な空間を、セットや照明、自然光の取り入れによってそれを美化したうえ、ノスタルジーを喚起する映画的空間へと変容させている」(44)、または「同じ日本社会の低層を扱っていても、今村昌平と違って是枝監督は社会に怒りをぶつけるのではなく、人間の感情の中核に迫ろうとしている」(45)と中国の評論家や映画人によって指摘されている。

是枝作品は日本社会の困窮化(『万引き家族』)や、産み捨て事件(『誰も知らない』)を取り上げ、社会問題に触れているとはいえ、今村昌平や大島渚、山本薩夫のような従来の日本の社会派映画と大きく異なっている。回想シーンを一つ取ってみても、ある世代の日本人が特定の政治運動や社会的風潮を思い起こすことよりも、亡き祖母や父親への思い、幼少時代にまつわるほのぼのとしたエピソードなど、個人の思い出が美しい映像をつうじて挿入される場合が多い。

そのため、是枝作品のメッセージ性は、社会運動を引き起こすために仕掛けられたものではなく、それを家族というテーマに包み込み、さらに一種の「小市民的」ともいえる「哲学」へ変容させたのではないだろうか。そして、その哲学がもっとも凝縮されているのは、登場人物が語るセリフにほかならない。

「小市民的」な哲学とセリフ

中国の検索サイトで「是枝裕和・セリフ」をキーワードに検索してみると、「是枝作品名セリフ集」、「人生のためになる言葉」が数多くヒットする。

『海よりもまだ深く』の母親のセリフに感激し、映画館で泣いてしまったという中国人プロデューサーの証言を著者も聞いたことがある。売れない作家の息子に対して「花も実もつかないんだけどね。あんただと思って毎日水やってんのよ」という母親のセリフや、「幸せってのはね……何か諦めないと手にできないもんなのよ」、「ひと晩寝かせたほうが味が染みるのよ。人と同じで」、「愛だけじゃ生きていけないのよ、大人は」などはそれにあたる。それらのセリフは、成功者の体験談や教訓よりも敗者のつぶやきが多い。

チャイナドリームが膨らむ中で、夢と現実のギャップが広がり、多くの人は敗者の境遇にある。現状から少しでも希望を見いだそうとする彼らは、是枝作品のセリフを噛みしめ、心の支えと生きていく勇気を得ようとしているのではないだろうか。

ところが、中国の第六世代監督の王超は、著者によるインタビューの中でそのセリフの不自然さについて次のように指摘している。「私は、何度も日本に行ってきたが、日本人は中国人よりも口数が少なく、自分の気持ちを打ち明けることは苦手だと思う。しかし、是枝監督作品の中では、誰でも子どもでも饒舌なほど語り続けることを不自然に思う」(46)。

多くの中国人はその不自然さに気付いているはずだが、それでもそれを信じようとし、座右の銘とする者は後を絶たない。究極の状況に置かれてもそれを抑制的に耐え続ける者、あるいは不器用で成り上がろうともしない人間など、是枝作品の登場人物たちは、サクセスストーリーの体現者になり得ず、あるいは誰もそれになりたがらない。「良多という役立たずの男は、複数の是枝作品に登場するが、それを演じるのは阿部寛、

郵便はがき

料金受取人払郵便

福岡中央局
承認

18

差出有効期間
2026年2月
28日まで

(切手不要)

810-8790

156

福岡市中央区大名
二—二—四三
ELK大名ビル三〇一

弦書房

読者サービス係 行

通信欄

年　　月　　日

このはがきを、小社への通信あるいは小社刊行物の注文にご利用下さい。より早くより確実に入手できます。

お名前

（　　歳）

ご住所

〒

電話

ご職業

お求めになった本のタイトル

ご希望のテーマ・企画

●購入申込書

※直接ご注文（直送）の場合、現品到着後、お振込みください。
送料無料（ただし、1,000円未満の場合は送料250円を申し受けます）

書名	冊
書名	冊
書名	冊

※ご注文は下記へＦＡＸ、電話、メールでも承っています。

弦書房

〒810-0041　福岡市中央区大名2-2-43-301
電話 092(726)9885　FAX 092(726)9886
URL http://genshobo.com/　E-mail books@genshobo.com

福山雅治などのスター俳優なのだ。キャラクターとのギャップの大きさは、どんなにあがいても自分のなりたい人間になれない現実を浮き彫りにしている」と指摘する中国の研究者もいる(47)。

このような是枝作品の人間像に何の抵抗もなく感情移入できる中国の人々のメンタリティーは、逆に中国の「小市民社会」の成熟の表れ、あるいは日本社会との同質性と見てよいのかもしれない。

疑似家族というモチーフ

二〇一八年度の中国映画の最大のヒット作『薬の神じゃない』(文牧野(ウェン・ムーイェ)監督、二〇一八年)と、『万引き家族』との類似性が中国の評論家閔思嘉(ミン・スージャ)に指摘されている(48)。

是枝監督作品の中で血縁関係のない者が同居し、利用しあったり、助け合ったりして暮らしていくうちに、家族に準ずる関係が生まれてくるという設定だが、『薬の神じゃない』は異なる視点からこの「疑似家族」のイメージを提示している。貧富の差が広がりつつある中国で貧しい人は病気にかかっても正規の高価な薬を買えない状況であり、それを見て、男たちは安価なジェネリック薬を密輸して販売する。輸入から販売に至るまでのプロセスの中で、販売員同士のみならず、彼らと患者の間にも家族に準じる絆が生まれてくる。その絆こそが男たちに、赤字になっても逮捕のリスクを冒しても薬を販売し続けさせる、ストーリー展開のうえでもっとも重要な契機となっている。

商業主義に徹する中国映画の製作体制のもとでは、是枝作品のようなほのぼのとした家族ものの製作は容易に実現されないだろう。しかし、ドラマチックなストーリー展開の元で、中国社会の構造的な問題と結びつけながら、疑似家族をつうじて家族愛や、ヒューマニズムとは何かを観客に問い掛ける『薬の神じゃない』は多くの中国人の琴線に触れたのではないだろうか。

日中文化交流の次世代の担い手

「次世代の日中文化交流の担い手はなかなか現れてこない」。両国の複数の関係者から嘆きを聞いている。かつて、高倉健、栗原小巻、中野良子は長年にわたって日中映画文化交流の象徴として、合作映画の企画やイベントなどをつうじて相互交流を図り、中国国民に広く受け入れられていた。日本での芸能活動の時間を削ってまで、ボランティアとして日中文化交流に関わろうという覚悟が当の本人たちにあったに違いない。近年になると、ビジネスとしての日中文化交流が可能となり、「中国と関わっても金にならない」という日本の常識も覆された。しかし、作品が広く中国国民に支持され、その人柄も認められて文化的リーダーの風格を備えた日本側の候補者はそう多くない。

その中で岩井俊二監督や是枝裕和監督の中国での活動は注目に値する。岩井俊二監督は、中国のファンの声に応える形で、いち早く中国語のホームページを開設し、それをつうじて『リップヴァンウィンクルの花嫁』を無料で配信した。近年、彼は中国映画『恋する都市 5つの物語』(二〇一五年)や、中国人監督による『Love Letter』(二〇二〇年)のリメークをプロデュースしている。さらに、自らバンドを率いて中国各地でコンサートを開き、そこでは自分の作品の映画音楽を演奏し、中国のファンたちとの交流を深めた。

岩井俊二作の小説の中国語版が出版される際に、中国人の流行小説家郭敬明(クオ・チンミン)とのコラボレーションも大きな話題を呼んだ。郭は自ら岩井監督の熱烈なファンであると明言し、小説『リリイ・シュシュのすべて』の中国語版の装丁をみずからデザインし、岩井作品についての評論集の編集を担当した。彼の「岩井崇拝」はこれにとどまらず、『リリイ・シュシュのすべて』と似た学校内のいじめをテーマとする小説『悲傷逆流成河』を執筆したのち、それを映画化する際に、みずから監督を務めた。

いっぽう、是枝裕和監督の訪中にまつわる美談も伝わっている。「二〇一七年、北京国際映画祭開催中、作品上映後のメディアのインタビューでは、正午から夜九時までの間、是枝監督はその場から離れることはなく各メディアの取材に応じた。同じ質問を何度も繰り返されるが、嫌な顔一つ見せず真摯に答えようとした」(49)。作品の優しさと監督の温厚な人柄が一致していることが映画祭の主催側と中国メディアに強く印象づけた。

二〇一七年一〇月に『三度目の殺人』の試写会のため、是枝監督は主演の広瀬すずと共に再度訪中した。「中国電影博物館(中国映画ライブラリー)」と「芸術電影連盟」所属の企画担当汪憶嵐(ワン・イーラン)は、是枝監督の芸術家肌の側面を次のように語っている。「自作が上映される前に、彼は必ず上映館観客席の中ほどに立って、映写技師に作品を映してもらい、明るさ、光の具合、音声のボリュームなどについて具体的に指示し、彼が満足いくまで繰り返し調整していた」と証言している(50)。上映の環境にまでこだわる是枝監督の姿は、職人かたぎの日本人像と結び付きながら「是枝神話」をさらに増幅させたといえるだろう。

岩井、是枝の両監督は、中国のファンの前に現れると大歓声で迎えられ、スター扱いされている。作品の影響力のみならず、中国メディアをつうじての彼らの発言は、中国人の心情に直接語り掛け、動かすことができる。その発信力の大きさを見ても、日中の架け橋として今後の活躍が期待できるだろう。

第四節　宮崎駿から新海誠へ

二〇一六年を境に、中国で劇場公開される日本映画の本数は一気に増え、年に一〇本から二十数本に上るに至った。しかし、そもそも中国では「票房過億(興行収入は一億元を上回る)」という言い方が定着しており、一億元を超えることが「興行的成功」と見なされている。そして、興行収入が一〇億元以上のビッグヒット作は、もっぱらハリウッドのアクション大作映画や中国産コメディの新作映画に限られている。

その中で、実写版の日本映画の興収がよくても数千万元にとどまっているのに対して、安定した人気を博しているのは日本アニメである。『ドラえもん』や『ちびまる子ちゃん』『名探偵コナン』などテレビアニメの劇場版が多い中で、宮崎駿や新海誠が手掛けた芸術性と作家性の高い作品は、興行的に成功を収めたのみならず、中国のアニメ文化の向上にも寄与しており、それを牽引する役割を果たしている。

『となりのトトロ』と『千と千尋の神隠し』の神話

初めて中国のスクリーンに登場した宮崎駿の作品は、一九九〇年に一般公開された『天空の城ラピュタ』だった。それに続いて、一九九二年に『となりのトトロ』は『隣居托托羅』という中国語題で一般公開された。当時は、日本映画は平均一本一〇〇万円という激安の値段で中国側が買い付け、その後、いくら中国でヒットしても歩合制ではないため、日本側にお金は入ってこなかった。徳間康快の斡旋と日中友好の大義の下に成り立つシステムだった。

その中でも『となりのトトロ』の上映権はなんと無償だった。中国版『となりのトトロ』の冒頭には「日中友好二〇周年を記念するために日本の徳間グループ社長の徳間康快先生がこの作品を中国の子どもたちにプレゼントしました。ここに謹んで徳間康快先生に謝意を表します」と記された通りであった(51)。しかし、当時の映画評論と一般観客の反響は皆無だった。それに続いて一九九三年に一般公開された『風の谷ナウシカ』も不発に終わった。

しかし、二〇一八年、『となりのトトロ』は『龍猫』と改題され、中国で再上映されると、一億七三〇〇万元余り(二六億円)の興収を稼ぎ出し、ヒットした(52)。旧作の再上映というばかりでなく、『となりのトトロ』はネットでも簡単に鑑賞できる「古典」なので、ほとんどの中国人観客は「映画館の大きなスクリーンでもう一度観てみたい」という欲望に突き動かされ、映画館に足を運んだに違いない。異例なヒット作といって良いだろう。

さらに、それに続いて二〇一九年に『千と千尋の神隠し』も中国で公開されると、『となりのトトロ』を上回る四億八八〇〇万元（七五億円）の興行収入を上げた(53)。『千と千尋の神隠し』の中国での劇場公開も日本での封切りと一八年のタイムラグがあった。なぜ同映画は一八年前にリアルタイムで中国に輸入されなかったのだろうか。

実は一九九三年に『風の谷ナウシカ』が中国で一般公開されたあとの一四年間、日本アニメは中国でまったく劇場公開されなかった。再び中国のスクリーンに登場したのは、二〇〇七年に公開された『映画ドラえもん　のび太の恐竜２００６』（二〇〇六年）である。

一方、その間、中国映画市場が急成長と好景気を迎えたのは、二〇〇五年以降であり、二〇〇六年から二〇一一年までの五年間で、年間映画興行収入は五倍にまで増加した。しかし、『千と千尋の神隠し』が封切られた二〇〇一年頃の中国映画市場の規模はまだ小さく、それを買い付け、配給する力が当時の中国映画界になかった。

ところが、この三〇年の間に、宮崎駿作品に対する中国人の反応はなぜこれほど大きく変わったのか。宮崎駿はいつ、どのように中国人に「再発見」されたのか。中国人の反応の劇的な変化は、中国の映画産業の隆盛に加え、中国の消費文化におけるアニメーションの位置付けの変化によるところもきわめて大きい。

宮崎駿作品の流通形態の変遷

『となりのトトロ』が中国に初上陸した一九九二年当時、中国国民に広く受け入れられなかった要因として、「アニメは子供の見るものだ」という偏見がまだ一般的だったことが挙げられる。

しかし、その後、一九九〇年代後半から宮崎作品は海賊版ディスクをつうじて広く流通しはじめ、二〇〇〇年以降はインターネットの普及に伴ってさらに広まっていった。その中で、宮崎駿作品におけるヒューマニズムに裏打ちされた世界観と奔放なイマジネーションは、繊細な作風と卓越したテクニックをつうじて、幅広い観客層に深い感動を与えた。

とりわけ、インターネットの普及に伴って、登場した電子掲示板をつうじて、同じ趣味を持つユーザーたちが集まり、ダウンロード情報を交換し、作品の感想を共有することによって、宮崎駿作品の幅広い安定したファン層が形成された。その中で、アニメーションはかつての単なる子ども向けの教育的な小品から、娯楽性と芸術性を重ね持つ大衆文化のメジャーなジャンルへと変化した。その大きな転換を遂げるには、宮崎駿の果たした役割はきわめて大きい。

いっぽう、「古典の再上映」という新しいビジネスモデルの確立が、宮崎作品の劇場公開に拍車をかけたことも注目すべきである。近年中国では、主に海外の名作映画の再上映が頻繁におこなわれ、映画市場において無視できない存在となっている。その際には、新しい観客層を取り入れるために幾つかの仕掛けがなされている。3Dや、4K修復、ノンカット全長版、中国人スターによる中国語吹き替え版はそれにあたる。事実、3D版『タイタニック』（一九九七年）、4K修復版の台湾映画『牯嶺街（クーリンチェ）少年殺人事件』（一九九一年）はそれぞれ興行的な成功を収めた。

『となりのトトロ』と『千と千尋の神隠し』は、それらの仕掛けではなく、中国の観客のノスタルジーの心情に訴える戦略をとっていた。「宮崎駿にチケット代を払おう」（それまでに海賊版で浴びるほど観てきたが、今回だけでも映画館で正規版を観ようという意味）、「宮崎駿と一八年ぶりの再会」はキャッチコピーとして用いられ、功を奏したのである。

中国人のメンタリティーの変化

いっぽう、一九九二年の中国での『となりのトトロ』の興行的な失敗は、作品に投影された「田園風景」や「純粋な童心」に立ち戻ろうという一見、退行的な欲望が、改革開放が始まったばかりの三〇年ほど前の中国人に理解されなかったからであろう。

しかし、その後、経済急成長の時代に突入した中国は、都市化が進むにつれ、田園風景が消えるいっぽう、競争社会で勝ち抜けなければならないというプレッシャー、あるいは夢と現実のギャップに由来する社会的フラストレーションばかりが大きくなってきた。経済成長期の日本の軌跡をたどっているかのような中国では、消え去った田園風景、失われた童心に対する強いノスタルジーが次第に生まれてきたのである。恐らく多くの中国人は『となりのトトロ』の世界観に身をもって共感できるばかりでなく、今日の日本人以上に郷愁を誘うのかもしれない。

同じことは、二〇一九年に中国で劇場公開された『千と千尋の神隠し』の受容についてもいえるだろう。千尋が家族と共に都市から農村に移住するという物語、そして異界を媒介とすることによって浮き彫りにされた都市と農村の緊張関係、ユートピア的な農村というイメージに対して、仮に一八年前に同映画が中国で上映されても幅広い共感を得られなかっただろう。当時、近代化の過程において都市と比べ、農村は遅れたものとして捉えられていたからである。しかし、近年に至ると、中国の人々にとっても『となりのトトロ』、

『千と千尋の神隠し』に提示された都市開発の脅威や自然保護の必要性といったテーマは、自ら抱えた切実な問題として身近に感じるようになったのではないだろうか。

中国に対する宮崎駿の複雑な心情

宮崎駿が初めて中国の土を踏んだのは一九八四年だった。『風の谷のナウシカ』の日本国内でのヒットをうけて、徳間康快は監督の宮崎駿、プロデューサーの高畑勲、編集者の亀山修三の三人に中国旅行をプレゼントした。観光旅行とはいえ、一行は憧れだった上海アニメのルーツをたどりたいという強い思いを抱き、「上海美術電影制片廠（上海アニメーション映画製作所）」を訪問した。その際に、『風の谷のナウシカ』を手土産に中国のアニメーターと交流を深めたかったが、彼らの熱い思いは結局裏切られた。

中国側はもっぱら日本のアニメーターの報酬制度に興味を示し、それについて矢継ぎ早に質問してきた。「ジブリの場合決まった月収だが、その他のほとんどの製作会社は原画一枚いくら、動画一秒いくらという歩合制である」と答えると、中国側は「いままでの定額の月収は不合理で、ぜひとも中国アニメ界に歩合制を導入したい」とその場で表明した。アニメーションづくりの芸術性にまったく関心を示さない中国側の姿勢に、宮崎はこの上ない失望を味わった。彼は開放経済社会以前、国のバックアップをうけて、採算を度外視して製作したクオリティーの高い上海アニメが、歩合制を導入することで二度と作れなくなることを懸念したからだ（54）。

宮崎駿と同世代の日本アニメーターたちは、一九六〇年代の中国アニメーションに強い憧憬の念を抱いていた。しかし、それは偏った一面的なイメージだったのかもしれないことを指摘しておきたい。当時の中国政府は「世界革命」、「人類の解放」といった共産主義思想の下で、プロパガンダ映画を、社会主義国を中心に輸出する一方、外貨獲得のため、あるいはより幅広い観客層に中国文化の魅力を伝えたいという意図の下でイデオロギー色を敢えて抑えた娯楽作品やアート系作品の製作にも力を入れていた。上海アニメはその流れの中で生まれていた。そのため、宮崎駿たちが絶賛したこうした上海アニメは海外向けの単発的なものが多く、中国国内においてもアニメーション文化を築き上げるには至らなかったのではないだろうか。

訪中の際の苦い体験が働いていたためか、宮崎駿は中国市場への参入に消極的だった。とりわけ、二〇〇〇年以降、海賊版が横行する中で、自身の作品の対中輸出のみならず、著書の翻訳も許諾しなかった。ところが、なぜ『となりのトトロ』と『千と千尋の神隠し』の中国での劇場公開が可能となったのだろうか。その背景には、巨大化した中国市場が多くのコンテンツ・ビジネスのチャンスをもたらし、知的財産権と著作権にたいする中国側の意識も向上してきたことにくわえ、宮崎駿自身の心情にもなんらかの変化があったのかもしれない。

たとえば、二〇一七年に中国の若手漫画家・アニメーターの姚非拉（ヨウ・フェィラー）と面会した宮崎駿は、中国の海賊版問題を切り出したが、それに対して姚非拉は「私が今まで見たジブリ作品は全て海賊版でした。しかし、それを通してジブリ作品の素晴らしさに目を開かれたばかりでなく、現実社会をより良いものにしたいという勇気と力をもらいました。確かに著作権の問題をはじめ、さまざまな社会問題を抱えている中国ですが、それらの問題を変えていくためにこそ、ジブリ作品のようなアニメが必要だと思い、アニメ界入りを果たした」と答えた。その言葉は、宮崎駿の心に響いたようで、正規版のジブリ作品が中国に進出するきっかけとなったのではないかと推察される(55)。

『君の名は。』旋風

二〇一六年の『君の名は。』のヒットに伴い、新海誠監督は日本アニメの新星として中国でカリスマ的な人気を博すようになった。それまで公開された日本アニメは、宮崎作品を含めすべて旧作で、公開される前にすでにDVDやネットをつうじて広まっていたものだったが、日本で封切られて間を置かずに中国で公開された『君の名は。』は、タイムラグの少ない新作アニメとして、五・七五億元（九〇億円）を稼ぎだした(56)。それをうけて、『言の葉の庭』（二〇一三年）、『星を追う子ども』（二〇一一年）、『秒速5センチメートル』（二〇〇七年）など、他の新海監督作品もネット配信によって多くの中国のファンを魅了した。

新海誠の作品を語る上でも、ノスタルジーは重要なキーワードであり、宮崎アニメとの大きな共通項となっている。誰にでも青春時代の初恋や思春期の苦悩はあり、二度と取り戻せない青春や、人を愛する気持ち、それに伴う痛みをみずみずしい感性で描いた新海作品は日本人観客のみならず、中国人の心もつかんだ。文化大革命のような大きな社会変動に見舞われない現在の中国では、個人の欲望や生き方が重んじられるようになったからだ。多くの中国の若者にとって、人生での最も大きな挫折は失恋ぐらいになったと言われている。新海誠作品は、まさに彼らの感性やメンタリティーを体現しているように思われる。

しかし、二〇一九年に中国で公開された『天気の子』は予想するほどヒットしなかった。その要因については、「子どもの視点からのしっかりしたストーリー構成と、手書きの原画を用い、自らの世界観を打ちだした宮崎作品に対して、新海作品は思春期の若者の感性を、繊細な風景や都会の日常の描写をつうじて鮮やかに描きだしている。しかし、個人の感性や美しい写実的な風景描写にこだわるあまり、ストーリーの構成はいささか散漫である」という中国側のコメントが見受けられる(57)。

宮崎駿と新海誠が中国アニメに与えた示唆

中国では、子ども向けに製作されたアニメのほとんどは、教育効果を重視し、善と悪の二項対立のはっきりした価値観やキャラクターが求められている。その現状を打破するために、善でもない悪でもない複雑なキャラクターを特徴とする宮崎駿の作品を参照すべきものとして、亜太動漫協会（アジア太平洋漫画アニメ協会）事務局長王六一（ワン・リュイー）氏は、著者によるインタビューの中で次のように指摘している。

多くの中国アニメの原作となった古典『西遊記』では、孫悟空も猪八戒も可変的で豊かな複雑なキャラクターである。その人間らしさは共感しやすい。今後の中国のアニメーション製作も、初期の上海アニメや、現代の宮崎駿の日本アニメのような人物描写を取り入れ、一元的なステレオタイプを打破し、より豊かなアニメーションのキャラクターをさまざまな角度から描きだすべきではないだろうか。

近年、『西遊記』に基づいた中国アニメ『西遊記　ヒーロー・イズ・バック』（二〇一五年）、『哪吒之魔童降世』（二〇一九年）はそれぞれ九・五六億元（一四九億円）、五〇・三五億元（七八四億円）の興収をあげ、国産アニメ復興の兆しと見なされている(58)。キャラクターの屈折した内面への描写は一役買ったといえよう。さらに、『紅の豚』（一九九二年）や『魔女の宅急便』（一九八九年）のような外国を舞台にした作品や西洋文化のモチーフや要素をふんだんに取り入れた多元的な宮崎駿の作品と比較して、近年の中国アニメは中国らしい民族性を追求するあまり、国境を越えて幅広い共感を得られる普遍性が損なわれてしまったのではないかという声があがっている。

しかし、実際のところ、そのような民族性の追求には、しばしば外国アニメへの表面的な模倣を同時に伴うアンビバレントなものだった。すでに言及した『西遊記　ヒーロー・イズ・バック』、『哪吒之魔童降世』には米国のマーベル映画や、日本の熱血系アニメへの模倣が見て取れるし、古典『荘子』を下地にした話題作『紅き大魚の伝説』（二〇一六年）を、「『千と千尋の神隠し』などの日本アニメを模した作風によって、中国らしさの追求は台無しにされてしまった」と酷評する中国の評論家もいる(59)。

いっぽう、新海誠作品は、宮崎駿アニメよりキャラクターもそれを受容する観客層も年齢が高い。子ども向けではなく、大人向けの作品として、そして、ファンタジックな商業アニメではなく、現代人の心の機微を繊細に表現するアート系作品として、新海作品は今後の中国アニメの一つの方向性を示すものとなるだろう。

研究者の黄霽風（ホワン・チーフォン）は、新海作品から中国のインディペンデントアニメの新しい製作の可能性を見いだしている。「キャラクターを取り巻く環境、及び人物との関係性を、細かいディテールまで繊細に描きだす一方で、キャラクターそのものの動きを簡略化し、代わりに編集やナレーションで補うことによって、アニメ製作のコストを大幅に削減することができる。それは、まさに中国のインディペンデントアニメの進むべき道である」と指摘している(60)。

終わりに

日清戦争から日中戦争に至るまでの両国には、複雑で不均衡な政治的な関係が生じていた。それは、映画の世界でも例外ではなかった。植民地だった満州や、占領地だった上海、華北では、日本主導による押しつけがましい日本映画の進出が始まり、それらの地域にとどまった中国の映画人は、社交辞令、または当たり障りのない曖昧なコメントを保身のために言わざるを得なかった。一方、ナショナリズムに起因するルサンチマンを日本映画に投影した結果、中国の一般民衆の日本映画に対する拒否反応はピークに達した。このような極限の状況の下で、小津安二郎、溝口健二、黒澤明らの日本映画の巨匠が中国に紹介されたが、中国人にはそれを受け入れる余裕はなかった。

終戦を迎え、国共内戦を経て中華人民共和国が樹立され、冷戦時代が幕を開けると、社会主義的な理念と相容れるものとして、日本の独立プロの左翼映画人による社会派映画ばかりが輸入されるようになった。しかし、戦前の巨匠のみならず、戦後のニューウェーブの映画監督による作家性の高い名作映画も相変わらず中国側から忌避されていた。

そのような日本映画にたいする政治的な受容は、文革体制が終焉を迎えると、大きく変わり、恋愛映画、アクションもの、山田洋次の人情もの、角川春樹の超大作、宮崎駿のアニメなど、バリエーション豊かな日本映画が数多く一般公開されるようになった。しかし、そこにも小津や溝口、黒澤などの巨匠の名作や古典はなかった。

九〇年代後半から、とりわけ二〇〇〇年以降、映画ソフトの流通、とりわけインターネットの普及により、メディア環境は大きく変貌した。二〇二〇年の中国は、計一〇・八億人以上のインターネットユーザーを有している(61)。それまで日本映画祭など公式の回路をつうじてしか接することができなかった日本映画は、動画サイトなどで手軽に観ることができるようになった。日本映画の名作や古典ばかりでなく、新作映画も日本での公開とほぼ同時期に観ることができるようになり、日本人と同時期に同じ作品を観る時代になった。

日本映画を受け入れるフィールド自体もグローバルな形で拡大し、さらに蒼井そらに代表されるセクシー女優やアダルト作品も海賊版などの非公式チャンネルをつうじて、今では広く流通している。第Ⅲ部で取り上げた北野武、岩井俊二、是枝裕和、宮崎駿、新海誠は中国で根強い人気を博すようになった背景には、このようなメディア環境の変化があったことを看過してはならないだろう。

一方、「大躍進」(一九五八年)や「文化大革命」が続いていたかつての中国では、集団の利益や政治が重んじられる時代が長かった。個人の生活や心情は低次元なものと見なされ、その表象にも大きな空白と断絶が生じた。そのため、改革開放政策の推進により、経済発展を成し遂げた現在の中国において、映画観客にとって、ノスタルジーの対象となりうる自国のコンテンツはけっして多くはない。その代替として、政治とは無縁で、個人の感情・生活や、人間と自然の関係などを描く日本映画は、ノスタルジーにたいする中国人の欲求に応える回路として重宝されているのではないだろうか。

だが、中国の人々が日本映画に求めているノスタルジーは、退行的な懐古趣味に留まらず、競争社会に置かれている現在の自分たちの「多様な価値観の中で生きる市民」としてのあるべき姿や、アイデンティティーを模索しようという新たな欲求につながっているはずである。

注

1 許鈺文「日本的電影」、『電影画報』第三八期二月号、良友図書公司（上海）、一九三七年二月、一四頁
2 卜万蒼「一時想到的意見」、『新影壇』第二巻第三期、一九四四年一月、三六頁
3 筈見恒夫「馬徐維邦論――中国映画とその民族性」、辻久一『中華電影史話――兵卒の日中映画回想記 一九三九～一九四五』、凱風社、一九八七年、三九八～三九九。原文：筈見恒夫「馬徐維邦論――中国映画とその民族性」、一九四四年一〇月
4 馬博良「日本片的我観」、『新影壇』第三巻第三期、一九四四年一〇月、十三～十五頁
5 「奉天文化人電影漫談会」、『満州映画』一九四〇年五月号、二八～二九頁
6 二〇〇六年六月一〇日に放送されたＮＨＫハイビジョン特集「中国映画を支えた日本人～〝満映〟映画人　秘められた戦後～」における岸富美子氏の証言
7 二〇〇六年一二月一六日、東京テアトルと上海電影集団公司（上海フィルム・グループ・コーポレーション）の共催により、第一回「中国上海映画祭」が東京で開催された際に、メインゲストとして来日した謝晋監督に、著者は単独インタビューをおこなった。
8 徐峰・呉丹「昨日之我　今日之我：王好為訪談録」、『北京電影学院学報』、一九九七年第二号
9 倪震『北京電影学院故事――第五代電影前史』、作家出版社、二〇〇二年、一〇三頁
10 「記録　日本映画人代表団訪中経過」、『日中文化交流』九号、一九五七年七月一日、五頁
11 『暖流』は、既存の海外輸出用の英語字幕版に中国語のイヤホン解説を加えたもので、一九四二年八月十四日から四日間、上海「南京大戯院」（NANKING THEATRE）で上映され、その後、上海「大華大戯院」（ROXY）など、ほかの映画館でも繰り返し再上映された。
12 張暖忻・李陀「談電影芸術的現代化」、『電影芸術』、一九七九年第三号／邵牧君「在文明世界的里層」、『大衆電影』、一九八〇年二月号
13 拙著『映画がつなぐ中国と日本――日中映画人インタビュー』、東方書店、二〇一八年、二五一～二五二頁
14 田永傑「従『情書』到『你好,之華』」、『電影文学』二〇一九年第一三号、八七頁
15 前掲拙著『映画がつなぐ中国と日本――日中映画人インタビュー』、一五七頁
16 顧凌遠「首届国際電影研討会追記」、『世界電影』一九八四年第二号、二二四～二二九頁／許世瑋「加強芸術交流　増進国際友誼――国勢電影研討会小記」、『電影芸術』一九八四年第六号、六一～六二頁
17 前掲拙著『映画がつなぐ中国と日本――日中映画人インタビュー』、二五二頁
18 拙著『中国映画の熱狂的黄金期』、岩波書店、二〇一二年、三〇六頁
19 「中日第一届電影劇作研討会発言摘編・関於六部中国影片的評論」、中国電影家協会編『電影芸術参考資料』一九八四年第十四号、

一八～一九頁
20 前掲拙著『映画がつなぐ中国と日本——日中映画人インタビュー』、三〇〇頁
21 前掲拙著『映画がつなぐ中国と日本——日中映画人インタビュー』、三一一～三一四頁
22 映画専門アプリ「猫眼票房専業版」のデータベースによる（最終確認日：：二〇二〇年十一月二〇日）
23 「熱依札給北野武写長信　自称〝中国的長澤雅美〟」、https://baijiahao.baidu.com/s?id=1648079686507998920&wfr=spider&for=pc（最終確認日：二〇二〇年十一月二〇日）
24 前掲拙著『映画がつなぐ中国と日本——日中映画人インタビュー』、三三三頁
25 導筒×鵬飛：『米花之味』后還拍雲南，想譲北野武和李康生一起出演 https://movie.douban.com/review/8895008/（最終確認日：二〇二〇年十一月二〇日）
26 中国における『Love Letter』の受容については、張瑶が二〇一七年に東京大学に提出した博士論文「中国における岩井俊二：その映画と小説の受容の比較研究」／熊思語が二〇一九年一月に西安建築科技大学に提出した修士論文「岩井俊二青春電影在中国的伝播与影響的研究」を参照。なお本節の一部の内容の初出は、拙稿「岩井俊二監督作品は中国でどう観られてきたか」（夏目深雪編『岩井俊二『Love Letter』から『ラストレター』、そして『チィファの手紙』へ』（河出書房新社、二〇二〇年）。
27 前掲熊思語「岩井俊二青春電影在中国的伝播与影響的研究」、一五～一七頁
28 一九八〇年代以降に生まれた中国人のメンタリティーの構築についての研究は数多く存在し、郭燕『代際与断裂——亜文化視域中的〝80后〟青春文学写作』（『天涯』二〇一一年第六号）はその代表格である。
29 梅雪風、「『墊底辣妹』：感関於青春片路線問題」『大衆電影』二〇一六年六月号、二頁
30 中国映画市場の現状について、拙稿「『君の名は。』のヒットと巨大化した中国映画市場」を参照していただきたい。https://animeanime.jp/article/2016/12/20/31856.html（最終確認日：二〇二〇年十一月二〇日）
31 李駿「新媒介語境下的復古版〝致青春〟——従『你好，之華』談起」、『斉魯芸苑』二〇一九年第五号、一〇三頁
32 凌燕「『你好，之華』：与経典互文的困境」、『中国電影報』二〇一八年十一月二一日、第二面
33 『少女哪吒』（李霄峰監督、二〇一四年）『左耳』（蘇有朋監督、二〇一五年）などの作品が挙げられる。白恵元「哪吒之死：鏡像、幻想与縫合——近年中国少女電影的文化症候」（『文藝研究』二〇一七年第一〇号）を参照。
34 『中国電影産業研究報告　二〇一九』、中国電影出版社、二〇一九年．六七頁
35 趙麗「〝不別扭的中国電影〟這個事情上，我覚得已経做得挺好的了——専訪『你好，之華』監制陳可辛」、『中国電影報』二〇一八

年十一月十四日、第二六面

36 白恵元「『你好，之華』：懐旧、視覚地方性与東亜電影」、『電影芸術』二〇一九年第一号、五九頁

37 前掲白恵元「『你好，之華』：懐旧、視覚地方性与東亜電影」、六一頁

38 「中国人為什麼喜歓是枝裕和的電影」、
https://www.sohu.com/a/245444732_124772
(最終確認日：二〇二〇年十一月二〇日)

39 映画専門アプリ「猫眼票房専業版」のデータベースによる（最終確認日：二〇二〇年十一月二〇日）

40 映画専門アプリ「猫眼票房専業版」のデータベースによる（最終確認日：二〇二〇年十一月二〇日）

41 拙稿「『君の名は。』のヒットと巨大化した中国映画市場」、https://news.mixi.jp/view_news.pl?id=4351360&media_id=50
(最終確認日：二〇二〇年十一月二〇日)

42 前掲「中国人為什麼喜歓是枝裕和的電影」

43 前掲「中国人為什麼喜歓是枝裕和的電影」

44 林筠「由是枝裕和電影空間透視日本電影的底層意識」『電影文学』二〇一九年第七号、八七頁

45 彭小蓮「日本導演：是枝裕和与今村昌平的区別」、『上海采風』二〇一六年第六号、五二頁。著者の彭小蓮は第五世代監督の一人である。

46 前掲拙著『映画がつなぐ中国と日本——日中映画人インタビュー』、三二七頁

47 崔国祺「父権的式微與放逐——論是枝裕和家庭母題電影中的父親形象」、『檀英文学』二〇一九年第六号

48 前掲「中国人為什麼喜歓是枝裕和的電影」

49 前掲「中国人為什麼喜歓是枝裕和的電影」における沙丹氏の証言

50 前掲「中国人為什麼喜歓是枝裕和的電影」

51 「徳間公司贈送動画片」、『中国銀幕』一九九二年第四号、三〇頁

52 映画専門アプリ「猫眼票房専業版」のデータベースによる（最終確認日：二〇二〇年十一月二〇日）

53 映画専門アプリ「猫眼票房専業版」のデータベースによる（最終確認日：二〇二〇年十一月二〇日）

54 「特集：中国アニメーション　座談会（古川タク、高畑勲、大塚康生、宮崎駿）」、『アニメージュ』一九八一年六月号、徳間書店

55 「原来宮崎駿是因為曽経的盗版横行而不喜歓中国」https://www.douban.com/group/topic/143881625/
(最終確認日：二〇二〇年十一月二〇日)

56　映画専門アプリ「猫眼票房専業版」のデータベースによる（最終確認日：二〇二〇年十一月二〇日）
57　徐瑩「新海誠系列動画的審美特徴」（『芸術評鑑』二〇一七年第一四号）／王艶妃「従『天気之子』看新海誠的芸術構建与表達」（『電影文学』二〇二〇年第三号）などを参照
58　映画専門アプリ「猫眼票房専業版」のデータベースによる（最終確認日：二〇二〇年十一月二〇日）
59　仝氷清「以『大魚海棠』為例論中国動画電影的芸術缺失」（『西部広播電視』二〇一六年第二〇号）などを参照
60　黄霽風「浅談新海誠動画的啓示及中国独立動画的発展趨勢」、『新視覚芸術』、二〇〇九年第四号、二二～二四頁
61　Fastdata 極数「二〇二〇年中国互聯網発展趨勢報告」

中国における日本映画の上映事情

中国での日本映画の上映は、主に「一般公開」と「国際映画祭」という二つのルートを通じて行われている。

本論で述べてきたように、徳間康快氏の主催による日本映画祭（一九七八年から九一年）によって、八〇本ほどの日本映画が中国で上映され、年に七、八本の日本映画が全国的な配給網を通して一般公開された。これが中国での日本映画の最盛期だった。ちなみに、その頃の中国映画の製作は各地に点在していた国営の映画撮影所によってなされており、映画配給と外国映画の輸入を独占的に統括していたのは国営の「中国電影公司」の一社のみだった。

（一）全国ネットの「一般公開」と中国映画産業の変遷

九〇年代前半に「日本映画祭」が打ち切られたのとほぼ同時に、テレビの普及や娯楽の選択肢の多様化により、映画はエンターテインメントの王様の座から引き下ろされ、中国の映画市場はどん底に陥った。さらに九〇年代後半に、ＤＶＤ時代の到来とインターネットの出現によって中国国民の映画館離れがさらに加速した。

そして、海賊版がこれらの新しいメディアを通じて氾濫し、映画館に足を運ばずとも映画をＤＶＤや動画サイトで気楽に観ることができるという「文化」が根付き始めた。

しかし、その中でも海賊版で目を肥やされた一部の観客は、次第に画質の悪い海賊版に辟易するようになり、再び映画館での映画鑑賞を望むようになった。その欲求にタイムリーな形で答えたのはハリウッドの大作映画だった。

折しも一九九九年十一月一五日、中国が世界貿易機関（ＷＴＯ）に加盟したのを受けて、毎年二〇本ほどのハリウッド映画の大作が正式に中国市場に輸入されるようになった。寂れていた映画館に大群衆が殺到し、往年の活況を取り戻したかのようだった。

一方、中国国内の映画製作の面でも大きな変化があった。国家産業だった映画は、中国政府が打ちだした、民営化を目指した一連の革新的な政策に後押しされ、民間の資本による映画製作やインディペンデント映画製作などの多様な製作スタイルが可能となった。

一方、日本の松竹、東宝系列のような配給と上映が一体化した系列が数多くつくられ、全国をカバーした新たな配給網が編みだされ、市場の需要に柔軟に答えるようになった。シネコンの普及もこの時期から急速に広まっていった。それらによって、二〇〇五年以降は中国の映画市場は好景気を迎えた。

その中で二〇〇六年以降、日本映画も年間三、四本の安定したペースで一般公開されていたが、二〇一二年の「尖閣問題（釣魚島事件）」の影響でその後二年間は一本も上映されなかった。

ところが、二〇一五年に久しぶりに上映された『STAND BY ME ドラえもん』（山崎貴、八木竜一共同監督、二〇一四年）は約九〇億円の興行収入をあげ、中国で米国以外の外国映画の年間興行成績第一位という快挙を成し遂げた。それが起爆剤となり、二〇一六年に『君の名は。』（新海誠監督、二〇一六年）をはじめ十一本の日本映画が中国で公開され、その数は史上最多を記録した。その後、二〇一七年に九本、二〇一八年に一五本、二〇一九年に二四本に達した。その背景には数百万ドルを下らないハリウッド新作映画のライセンス料と比べ、日本映画の上映権料の安さもあったようだ。（巻末の「中国で一般公開された日本映画（二〇一六〜二〇一九）一覧表」を参照いただきたい）

周知のようにクールジャパンの代名詞でもある日本アニメは、中国で安定した人気を博している。しかし、日本の実写版映画はその幸運に恵まれておらず、一般公開される際に、何気ない日常を描くことや、緩いテンポ、二時間を超える上映時間といった理由で、ハリウッド大作映画や中国産のコメディー、アクションものの陰に隠れた感が否めない。それとは対照的に、上海国際映画祭において、実写版映画を含めた日本映画が熱狂的に受け入れられている。

（二）上海国際映画祭と日本映画受容の実態

一九九三年に第一回が開催された上海国際映画祭は隔年開催であったが、二〇〇二年から毎年開催され、二〇一九年に第二二回を迎えた。開催規模も年々拡大し、近年に至ると各回に約五〇〇本の世界各国の映画が、一〇日間ほどの日程で上海の複数の映画館で上映されている。

上海国際映画祭は日本映画の上映に力を注いでおり、第一回目に大島渚作品を中心とした五本の日本映画が上映されたことを皮切りに、二〇一四年まで平均して毎年十数本の日本映画の上映が恒例となっていた。二〇一五年からは日本映画の上映は一気に増加し、二〇一六年には五八本、二〇一七年に六五本、二〇一八年に五八本、二〇一九年に五九本に達した。

以下は、上海国際映画祭での日本映画上映に深く関わった、プロデューサーの蔡剣平（ツァイ・ジェンピン）氏のインタビューに基づいて、映画祭での日本映画のラインアップや上映スタイル、中国人観客の反応について紹介してみよう。

日本映画の人気ぶり

政府の補助金や、スポンサーのバックアップ、広告収入に加え、映画祭の運営経費の一部は上映作品の興行収入で賄われているため、上映本数は中国人観客の需要もストレートに反映していると言える。

上海国際映画祭での日本映画の上映本数はアメリカ映画に次ぐ数である。二〇一八年の場合、五一〇本の上映作品のうち、アメリカ映画が九〇本で、日本映画は五八本だった。上映期間や、映画館の数、他国の出品作とのバランスから考えると、上海国際映画祭での日本映画の上映本数は、全上映作品の一割以上を占めており、すでに上限に達しているようだ。

日本映画の人気作品の入場券は全て入手困難で、ダフ屋の値段は定価の一〇倍以上となることも珍しくない。『人間失格』(荒戸源次郎監督、二〇一〇年)の入場券はダフ屋の値段が定価の二〇倍にあたる一〇〇〇元に達した。上戸彩、斎藤工主演の『昼顔』(西谷弘監督、二〇一七年)はメインキャストの舞台あいさつを予定していたこともあって、ダフ屋だけでなく偽造チケットが出回っていたため、上映館に警察までが出動したとのことである。

日本映画の上映形態

会場となる複数の上映館の観客収容数は最大で一〇〇〇人で、五〇〇から六〇〇人は中規模、二〇〇から三〇〇人は小規模館での上映となっている。映画祭の規定によると、人気作品でも上映回数は五回を上限とし、一〇〇〇人入りの映画館での上映の回数自体に限りがあるため、大ホールでの上映を独占しているのは、一握りの有名監督の話題作やアイドル、スター俳優が出演した作品にほかならない。映画初日のチケットの販売数を見れば、その後、売れるかどうかが分かるので、上映の回数や時間帯を調整することが可能である。というのも、中国での外国映画の輸入には政府によって決められた枠があり、最新の日本映画を集中的に鑑賞できるのは、映画祭以外にないからである。

商業ベースの作品のほかに、アート系作品やインディペンデント作品も日本映画の上映プログラムに含まれている。濱口竜介監督の作品『ハッピーアワー』(二〇一五年)はヨーロッパでの受賞歴があり、客入りが良かった。上映時間四時間に及ぶ『バンコクナイツ』(富田克也監督、二〇一六年)は二〇〇から三〇〇人の小さなホールで三回ほど上映されたが、予想を覆すほど多くの観客が駆け付けた。しかし、新人監督が手掛けた地味なインディペンデント映画は、観客の動員は厳しいようだ。

エロスと暴力シーンに対するセンサーシップ

エロスや暴力シーンがあっても原則としてノーカットで上映されるため、あらかじめ上映するかしないかの判断が主催者側に求められる。

そのような中国側の検閲の実情を知っている日本映画の製作者は、事前に問題となりそうなシーンにぼかしを施したりして対策を講じている者もいた。

日本の映倫に当たるレイティングシステム（年齢制限）が存在しない中国では対応が難しく、主催側はエロチックな場面が登場する映画の上映を、なるべく深夜に設定するよう心掛けている。

そのなかで、一部のエロチックなシーンが盛り込まれた『アリーキャット』（榊英雄監督、二〇一七年）はなぜか午後の時間に上映されることとなった。その中国語題である『流浪猫』を見ただけで動物映画だと思い込み、子ども連れでくる観客も少なくなかった。例の問題のシーンが出た際に、慌ててわが子の目を覆う親と、「何をするんだよ。なんで見せてくれないの」と大声であがく子どももいた。たまたま観客席にいた榊英雄監督はその攻防劇に目を見張ったということである。

人気作品の確保という課題

以前は上海国際映画祭は新作の日本映画が集中的に鑑賞できるほとんど唯一のルートであり、日本の映画会社は自ら進んで自社の作品を映画祭に出品し、主催者側の選択する余地は大きかった。しかし、近年、そのような状況には大きな変化が起きた。

すでに触れたように、二〇一六年を境に多くの日本映画が中国で全国の映画館に配給されるようになり、その数は年間十数本から二十数本に上った。日本映画の輸入枠の拡大に伴って、自社の作品を映画祭に出品せず、中国の配給会社に直接上映権を売る日本の製作会社は後を絶たない。中国映画市場の売れ行きをリサーチするために、映画祭での一回のみの上映を特別に許可するケースがあるとはいえ、映画祭主催側にとって人気作品の確保は至難の業となったという。

北京国際映画祭とのライバル関係

二〇一四年から始まった北京国際映画祭も頭角を現している。実績や影響力においては上海のそれにはまだ及ばないとはいえ、ともに中国で開催される国際映画祭をけん引する「双頭の鷲」の勢いを呈している。

映画祭は北京で四月、上海で六月にそれぞれ開催され、北京では毎年、三〇～四〇本の日本映画が上映されている。両映画祭の上映作品はダブっても、開催都市が異なるため、興行収入にはさほど影響はない。しかし、上海国際映画祭は、「北京でやったものは、うちはやらない」と意地を張ることがある。上海の場合には四月中に上映作品のラインアップがほとんど決まり、五月に開催されるカンヌ国際映画祭で受賞を逃した作品をプログラムに取り入れる場合があるため、事実上、五月下旬に最終決定することになっている。

日本映画に対する北京と上海の観客の反応は異なっている。『アイスと雨音』（松居大悟監督、二〇一八年）のようなインディペンデント映画は北京の観客には温かく受け入れられたが、上海の上映館では空席が目立った。逆に人気グループ嵐の大野智が出演した映画『忍びの国』（中村義洋監督、二〇一七年）は上海の大ホールで上映された際に超満員となり、熱狂的なファンで賑わっていたのに対し、北京では反響に乏しかった。

さらに、二〇一六年に森田芳光監督特集が北京国際映画祭で組まれ、関係者のあいだで大きな話題となったが、「国際的知名度を持つ巨匠と認められない」という理由で、上海での特集上映は見送った。

そもそも上海の日本映画ファンは日本のアイドルやファッションを目当てに、映画祭に駆け付けることが多く、北京の場合には、映画製作会社や映画大学、研究者が集まっており、したがって作品の芸術性や演出などが注目されやすい。観客のみならず、主催者側の姿勢とも関係しているようだ。北京国際映画祭の場合には、中国最大の映画アーカイブである「中国電影資料館」が中核となって運営されており、企画に多くの映画専門家が関わっているからである。ともあれ、今後の両映画祭の競争の行方により、日本映画の紹介のされ方は微妙に変化してくることだろう。（巻末の「上海国際映画祭で上映された日本映画（一九九三〜二〇一九）一覧表」をご参照いただきたい）

本書の出版にあたって、インタビューや資料収集にご協力いただいた皆様、貴重なアドバイスをいただいた福岡ユネスコ協会の山口吉則さんにこの場を借りて深く感謝申し上げます。なお本書の執筆は日本学術振興会科学研究費「基盤研究C：近年の中国における日本映画の受容とリメイクにみる日本のイメージの反転（代表者　劉文兵）」を受けてのものであり、合わせて御礼申し上げます。

上海国際映画祭で上映された日本映画（一九九三年～二〇一九年）一覧表

上映年（回数）	タイトル	監督	中国語題
一九九三（第一回）	復活の朝	吉田剛	復活的早晨
	儀式	大島渚	儀式
	絞死刑	大島渚	絞死刑
	飼育	大島渚	飼育
	シコふんじゃった。	周防正行	大相撲
一九九五（第二回）	あした	大林宣彦	明日
	大阪の章二クン	瀬藤祝	大阪的朋友
	学校	山田洋次	学校
	息子	山田洋次	児子
	男はつらいよ 口笛を吹く寅次郎	山田洋次	寅次郎的故事 吹口哨的寅次郎
	男はつらいよ 浪花の恋の寅次郎	山田洋次	寅次郎的故事 浪花之恋
	家族	山田洋次	家族
一九九七（第三回）	微笑みを抱きしめて	瀬藤祝	擁抱微笑
	グッバイ・ママ	秋元康	再見了，媽媽
	上海バンスキング	深作欣二	上海浮生記
一九九九（第四回）	学校Ⅲ	山田洋次	学校3
	コキーユ 貝殻	中原俊	貝殻
	あぶない刑事フォーエヴァー THE MOVIE	成田裕介	玩命警探5
	蔵	降旗康男	藏
	鉄道員（ぽっぽや）	降旗康男	鉄道員

二〇〇一（第五回）	日本の黒い夏 冤罪	熊井啓	日本的黒色夏天 冤罪
	ホワイトアウト	若松節朗	暴風雪
二〇〇二（第六回）	リリイ・シュシュのすべて	岩井俊二	関於莉莉周的一切
	溺れる人	一尾直樹	溺水的人
	ゴジラ モスラ キングギドラ 大怪獣総攻撃	金子修介	哥斯拉：大怪獣総攻撃
	かあちゃん	市川崑	媽媽
	新・雪国	後藤幸一	新・雪国
	化粧師	田中光敏	化粧師
	DOG STAR／ドッグ・スター	瀬々敬久	人狗情未了
	なごり雪	大林宣彦	残雪
	ファイナルファンタジー	坂口博信	最終幻想
二〇〇四（第七回）	天国の本屋～恋火	篠原哲雄	天国之恋火
	娘道成寺 蛇炎の恋	高山由紀子	娘道成寺 蛇炎之恋
	犬と歩けば チロリとタムラ	篠崎誠	男人与流浪狗
	ほたるの星	菅原浩志	蛍火虫之星
	恋愛寫眞	堤幸彦	恋愛写真
	折り梅	松井久子	折梅
	たそがれ清兵衛	山田洋次	黄昏的清兵衛
	ウイニング・パス	中田新一	勝利伝球
	銀のエンゼル	鈴井貴之	銀色的天使
二〇〇五（第八回）	村の写真集	三原光尋	郷村照相館
	雲のむこう、約束の場所	新海誠	雲的彼端 約定的地方
	インストール	片岡K	競賽迪納員

上映年（回数）	タイトル	監督	中国語題
二〇〇五（第八回）	着信アリ2	塚本連平	鬼来電2
	ニライカナイからの手紙	熊澤尚人	天国的来信
	スクール・ウォーズ HERO	関本郁夫	瘋狂校園・HERO
	下弦の月～ラスト・クォーター	二階健	下弦之月
	ビートキッズ	塩屋俊	Beat Kids
	なつかしい風来坊	山田洋次	流浪者之愛
	家族	山田洋次	家族
	キネマの天地	山田洋次	電影天地
	隠し剣 鬼の爪	山田洋次	隠剣鬼爪
	男はつらいよ（第一作）	山田洋次	寅次郎的故事
二〇〇六（第九回）	三年身籠る	唯野未歩子	孕期三年
	BIG RIVER	舩橋淳	大河
	雪に願うこと	根岸吉太郎	向雪祈祷
	火火	高橋伴明	火火
	佐賀のがばいばあちゃん	倉内均	佐賀的超級阿嬤
	カミュなんて知らない	柳町光男	誰是加繆
	スキージャンプ・ペア～Road to TORINO 2006～	小林正樹	滑雪跳転
	誰も知らない	是枝裕和	無人知暁
二〇〇七（第一〇回）	武士の一分	山田洋次	武士的壹分
	眉山	犬童一心	眉山
	THE CROSSWORD MONOLOGUES	片岡秀明	囈語喃喃
	七人の侍	黒澤明	七武士

	椿三十郎	黒澤明	椿三十郎
	赤ひげ	黒澤明	紅胡子
	転校生 さよならあなた	大林宣彦	転校生：再見親愛的
	無花果の顔	桃井かおり	無花果的臉
	キユミの肘 サユルの膝	杉田愉	雪地草苺氷（Sayuru and Kiyumi）
	虹の女神　Rainbow Song	熊澤尚人	彩虹女神
	バッテリー	滝田洋二郎	棒球夥伴
	アンフェア the movie	小林義則	不公平 電影版
	東京タワー〜オカンとボクと、時々、オトン〜	松岡錠司	東京鉄塔：老媽和我，有時還有老爸
	大奥	林徹	大奥
	どろろ	塩田明彦	多羅羅
	幸福のスイッチ	安田真奈	幸福開関
	ゆれる	西川美和	搖擺
	涙そうそう	土井裕泰	涙光閃閃
	ブレイブストーリー	千明孝一	勇者伝說
	NANA	大谷健太郎	娜娜
二〇〇八（第一一回）	築地魚河岸三代目	松原信吾	築地魚河岸三代目
	警泥	林和哉	警官与小偷
	しあわせのかおり	三原光尋	幸福的馨香
	0からの風	塩屋俊	傷追人
	キサラギ	佐藤祐市	如月疑雲
	クワイエットルームにようこそ	松尾スズキ	歓迎来到隔離病房
	西の魔女が死んだ	長崎俊一	勿忘我

上映年（回数）	タイトル	監督	中国語題
二〇〇八（第一一回）	自虐の詩	堤幸彦	自虐之詩
	未来予想図 ア・イ・シ・テ・ルのサイン	蝶野博	未来預想図
	象の背中	井坂聡	象的背影
	キヲクドロボウ	山岸謙太郎、石田肇	偷取記憶的人
	母べえ	山田洋次	母親
	春よこい	三枝健起	等待
	純喫茶磯辺	吉田恵輔	咖啡館的故事
二〇〇九（第一二回）	恋極星	AMIY MORI	恋極星
	休暇	門井肇	婚假
	山形スクリーム	竹中直人	山形尖叫
	群青 愛が沈んだ海の色	中川陽介	群青
	余命	生野慈朗	余命
	ジャイブ 海風に吹かれて	サトウトシキ	海風吹来
	Der Rote Punkt 赤い点	宮山麻里枝	紅点
二〇一〇（第一三回）	パートナーズ	下村優	夥伴
	時をかける少女	谷口正晃	穿越時空的少女
	脇役物語	緒方篤	配角物語
	今度は愛妻家	行定勲	愛妻家
	よなよなペンギン	りんたろう	深夜中的企鵝
	人間失格	荒戸源次郎	人間失格
	おにいちゃんのハナビ	国本雅広	哥哥的煙火
	猿ロック THE MOVIE	前田哲	麻辣開鎖王：電影版

	隠し砦の三悪人　THE LAST PRINCESS	樋口真嗣	暗堡里的三悪人
	余命1ヶ月の花嫁	廣木隆一	生命最後一個月的新娘
	歩いても　歩いても	是枝裕和	步履不停
	阿波DANCE	長江俊和	阿波舞
	南極料理人	沖田修一	南極料理人
	釣りキチ三平	滝田洋二郎	釣魚迷三平
	天使の恋	寒竹ゆり	天使之恋
	引き出しの中のラブレター	三城真一	抽屜里的情書
二〇一一（第一四回）	あしたのジョー	曽利文彦	明日之丈
	うさぎドロップ	SABU	白兔糖
	毎日かあさん	小林聖太郎	毎日媽媽
	臍帯	橋本直樹	臍帯
	ゲゲゲの女房	鈴木卓爾	怪怪怪的妻子
	カムイ外伝	崔洋一	卡姆伊外伝
	やぎの冒険	仲村颯悟	山羊的冒險
	歓待	深田晃司	歓待
	恋谷橋	後藤幸一	恋谷橋
	ばかもの	金子修介	笨蛋
	こもれび	小澤雅人	日照公寓
	リリイ・シュシュのすべて	岩井俊二	関於莉莉周的一切
	ヴァンパイア	岩井俊二	吸血鬼
	四月物語	岩井俊二	四月物語
	Love Letter	岩井俊二	情書

上映年（回数）	タイトル	監督	中国語題
二〇一一（第一四回）	花とアリス	岩井俊二	花与愛麗絲
	南京・引き裂かれた記憶	武田倫和	南京：尋找封存的記憶
	ノルウェイの森	トラン・アン・ユン	挪威的森林
二〇一二（第一五回）	鍵泥棒のメソッド	内田けんじ	盗鑰匙的方法
	ショージとタカオ	井手洋子	昌司与卓男
	麒麟の翼　劇場版・新参者	土井裕泰	麒麟之翼：新参者劇場版
	一命	三池崇史	一命
	女優	寺西一浩	女明星
	さや侍	松本人志	有鞘無刀的武士
	アシュラ	さとうけいいち	阿修羅
	苦役列車	山下敦弘	苦役列車
	幸運の壺　Good Fortune	小川通仁	幸運之壺
	虹色ほたる 永遠の夏休み	宇田鋼之介	虹色螢火虫～永遠的暑假～
	コクリコ坂から	宮崎吾朗	来自虞美人之坡
	もし高校野球の女子マネージャーがドラッカーの『マネジメント』を読んだら	田中誠	如果高中棒球的女経理人読過杜拉克的《管理學》的話
	忍たま乱太郎	三池崇史	忍者乱太郎
	奇跡	是枝裕和	奇跡
	ALWAYS 三丁目の夕日'64	山崎貴	永遠的三丁目的夕陽之1964
	岳　ガク	片山修	岳：冰峰救援
	東京公園	青山真治	東京公園
	アントキノイノチ	瀬々敬久	彼時生命
	キツツキと雨	沖田修一	啄木鳥和雨

二〇一三（第一六回）

CUT	アミール・ナデリ	片場殺機
琉神マブヤー THE MOVIE 七つのマブイ	佐野智樹	琉神瑪布亜
ステキな金縛り	三谷幸喜	了不起的亡霊
神様のカルテ	深川栄洋	上帝的処方
爆心 長崎の空	日向寺太郎	長崎的天空下
晩春	小津安二郎	晩春
麦秋	小津安二郎	麦秋
お茶漬の味	小津安二郎	茶泡飯之味
東京物語	小津安二郎	東京物語
早春	小津安二郎	早春
彼岸花	小津安二郎	彼岸花
秋日和	小津安二郎	秋日和
秋刀魚の味	小津安二郎	秋刀魚之味
僕達急行 A列車で行こう	森田芳光	乗列車前行
北のカナリアたち	阪本順治	北方的金絲雀
桜並木の満開の下に	船橋淳	盛開的桜花樹下
希望の国	園子温	希望之国
ライク・サムワン・イン・ラブ	アッバス・キアロスタミ	如沐愛河
桐島、部活やめるってよ	吉田大八	聴説桐島要退部
あなたへ	降旗康男	致親愛的你
ヒミズ	園子温	庸才
今日、恋をはじめます	古澤健	今天開始恋愛吧
天地明察	滝田洋二郎	天地明察

上映年（回数）	タイトル	監督	中国語題
二〇一三（第一六回）	遺体 明日への十日間	君塚良一	遺体 面向明天的十天
	リトル・マエストラ	雑賀俊郎	天才少女指揮家
	おおかみこどもの雨と雪	細田守	狼的孩子雨和雪
	カラカラ	クロード・ガニオン	沖縄之旅
	映画 ひみつのアッコちゃん	川村泰祐	甜蜜小天使
	テルマエ・ロマエ	武内英樹	羅馬浴場
	東京家族	山田洋次	東京家族
二〇一四（第一七回）	舞妓はレディ	周防正行	窈窕舞妓
	祖谷物語 おくのひと	蔦哲一朗	祖谷物語
	家路	久保田直	家路
	徐葆光が見た琉球 冊封と琉球	本郷義明	徐葆光眼中的琉球
	太秦ライムライト	落合賢	太秦燈光下
	円卓 こっこ、ひと夏のイマジン	行定勲	円桌
	横道世之介	沖田修一	横道世之介
	舟を編む	石井裕也	編舟記
	白ゆき姫殺人事件	中村義洋	白雪公主殺人事件
	ジャッジ！	永井聡	菜鳥評審員
	そして父になる	是枝裕和	如父如子
	クレヨンしんちゃん ガチンコ！逆襲のロボとーちゃん	高橋渉	蝋筆小新：決一勝負！逆襲的機器人爸爸
	映画ドラえもん 新 のび太の大魔境 ペコと5人の探検隊	八鍬新之介	新・哆啦A夢 大雄的大魔境～貝可与5人探險隊～
	劇場版 TIGER & BUNNY The Rising	米たにヨシトモ	虎与兔：崛起
	野のなななのか	大林宣彦	原野四十九日

	清須会議	三谷幸喜	清須会議
	カノジョは嘘を愛しすぎてる	小泉徳宏	她愛上了我的謊
	潔く柔く　きよくやわく	新城毅彦	純浄脆弱的心
	抱きしめたい　真実の物語	塩田明彦	想要擁抱你
	武士の献立	朝原雄三	武士的菜単
	黒執事	大谷健太郎、さとうけいいち	黒執事
二〇一五（第一八回）	ぼんとリンちゃん	小林啓一	御宅大冒険
	0・5ミリ	安藤桃子	0・5毫米
	幸福（しあわせ）の黄色いハンカチ	山田洋次	幸福的黄手帕
	君よ憤怒の河を渉れ	佐藤純彌	追捕
	鉄道員（ぽっぽや）	降旗康男	鉄道員
	網走番外地 望郷篇	石井輝男	網走番外地 望郷篇
	遙かなる山の呼び声	山田洋次	遠山的呼喚
	味園ユニバース	山下敦弘	味園 Universe
	岸辺の旅	黒沢清	岸辺之旅
	三里塚に生きる	大津幸四郎、代島治彦	活在三里塚
	予告犯	中村義洋	預告犯
	2つ目の窓	河瀬直美	第二扇窗
	紙の月	吉田大八	紙之月
	映画 深夜食堂	松岡錠司	深夜食堂
	滝を見にいく	沖田修一	去看瀑布（HDCAM）
	天の茶助	SABU	天之茶助
	ロマンス	タナダユキ	心路歴程

上映年（回数）	タイトル	監督	中国語題
二〇一五（第一八回）	駆込み女と駆出し男	原田眞人	逃婚女与見習男
	夫婦フーフー日記	前田弘二	夫婦日記
	愛を積むひと	朝原雄三	愛的詮釈
	百円の恋	武正晴	百円之恋
	さいはてにて　やさしい香りと待ちながら	姜秀琼（チアン・ショウチョン）	寧静咖啡館之歌
	忘れないと誓ったぼくがいた	堀江慶	勿忘我
	マンガ肉と僕	杉野希妃	漫画肉与我
	ポプラの秋	大森研一	白楊之秋
	ジヌよさらば かむろば村へ	松尾スズキ	再見金銭，前往貧困村（HDCAM）
	花とアリス殺人事件	岩井俊二	花与愛麗絲殺人事件
	恋する・ヴァンパイア	鈴木舞	吸血鬼之恋
	映画　ビリギャル	土井裕泰	墊底辣妹
	繕い裁つ人	三島有紀子	裁縫
	小野寺の弟・小野寺の姉	西田征史	小野寺的弟弟・小野寺的姐姐
	娚（おとこ）の一生	廣木隆一	謎様的他（HDCAM）
	マエストロ！	小林聖太郎	芸術大師
	トワイライト ささらさや	深川栄洋	黎明的沙耶（HDCAM）
	青春残酷物語	大島渚	青春残酷物語４K
二〇一六（第一九回）	団地	阪本順治	団地
	WE ARE X	スティーブン・キジャク	我們是X
	映画 妖怪ウォッチ エンマ大王と5つの物語だニャン！	髙橋滋春／ウシロシンジ	妖怪手表：閻魔大王和五個故事喵
	はなちゃんのみそ汁	阿久根知昭	小花的味噌湯

ピンクとグレー	行定勲	粉与灰
飢餓海峡	内田吐夢	飢餓海峡
乱	黒澤明	乱
麦秋	小津安二郎	麦秋
晩春	小津安二郎	晩春
スワロウテイル	岩井俊二	燕尾蝶
戦場のメリークリスマス	大島渚	戦場上的快樂聖誕
園子温という生きもの	大島新	園子溫這種生物
アップルシード アルファ	荒牧伸志	蘋果核戦記：阿爾法
バケモノの子	細田守	怪物之子
海街diary	是枝裕和	海街日記
テラフォーマーズ	三池崇史	火星異種
家族はつらいよ	山田洋次	家族之苦
母と暮せば	山田洋次	如果和母親一起生活
全身小説家	原一男	全身小說家
世界から猫が消えたなら	永井聡	假如猫從世界上消失了
64ロクヨン（前・後編連続版）	瀬々敬久	昭和64年
蜜のあわれ	石井岳龍	蜜之哀傷
orange オレンジ	橋本光二郎	橘色奇跡
暗殺教室　卒業編	羽住英一郎	暗殺教室：畢業篇
ヒメアノ～ル	吉田恵輔	白昼之雨
残穢（ざんえ）　住んではいけない部屋	中村義洋	残穢，不可以住的房間
あん	河瀬直美	澄沙之味

上映年（回数）	タイトル	監督	中国語題
二〇一六（第一九回）	断食芸人	足立正生	飢餓芸術家
	劇場版 MOZU	羽住英一郎	劇場版 MOZU
	クリーピー 偽りの隣人	黒沢清	毛骨悚然
	きみはいい子	呉美保	你是好孩子
	ひそひそ星	園子温	悄然之星
	探偵ミタライの事件簿　星籠（せいろ）の海	和泉聖治	星籠之海
	俳優 亀岡拓次	横浜聡子	演員亀岡拓次
	ヒーローマニア 生活	豊島圭介	英雄迷的生活
	ハッピーアワー	濱口竜介	歓楽時光
	つむぐもの	犬童一利	造紙人生
	星が丘ワンダーランド	柳沢翔	星丘車站失物招領
	女が眠る時	ウェイン・ワン	当女人沈睡時
	二重生活	岸善幸	二重生活
	セトウツミ	大森立嗣	瀬戸内海
	友だちのパパが好き	山内ケンジ	恋上朋友的爸爸
	ケンとカズ	小路紘史	健与和
	モヒカン故郷に帰る	沖田修一	莫西幹回到故郷
	ふきげんな過去	前田司郎	傷心往事
	葛城事件	赤堀雅秋	葛城事件
	オオカミ少女と黒王子	廣木隆一	狼少女与黒王子
	信長協奏曲（ノブナガコンツェルト）	松山博昭	信長協奏曲
	高台家の人々	土方政人	高台家的成員

	リップヴァンウィンクルの花嫁	岩井俊二	瑞普・凡・温克爾的新娘
	映画　暗殺教室	羽住英一郎	暗殺教室
	HERO	鈴木雅之	律政英雄
	図書館戦争 THE LAST MISSION	佐藤信介	図書館戦争：最後的任務
	ギャラクシー街道	三谷幸喜	銀河街道
	縁　The Bride of Izumo	堀内博志	緣：出雲新娘
	呪怨 終わりの始まり	落合正幸	咒怨：終結的開始
	健さん	日比遊一	高倉健
	人生の約束	石橋冠	人生的約定
二〇一七（第二〇回）	追憶	降旗康男	追憶
	夜明け告げるルーのうた	湯浅政明	宣告黎明的露之歌
	恋とさよならとハワイ	まつむらしんご	愛与別離的夏威夷
	blank 13	齊藤工	空白的13年
	忍びの国	中村義洋	忍者之国
	RE：BORN　リボーン	下村勇二	重生 RE：BORN
	ひるね姫 知らないワタシの物語	神山健治	午睡公主
	夜は短し歩けよ乙女	湯浅政明	春宵苦短，少女前進吧！
	3月のライオン 前・後編	大友啓史	三月的獅子
	続・深夜食堂	松岡錠司	深夜食堂
	GHOST IN THE SHELL　攻殻機動隊	押井守	攻殻機動隊 Ghost in the Shell
	海よりもまだ深く	是枝裕和	比海更深
	七人の侍	黒澤明	七武士
	雨月物語	溝口健二	雨月物語

上映年（回数）	タイトル	監督	中国語題
二〇一七（第二〇回）	残菊物語	溝口健二	残菊物語
	楢山節考	今村昌平	楢山節考
	東京流れ者	鈴木清順	東京流浪漢
	こどもつかい	清水崇	童使
	リング	中田秀夫	午夜兇鈴
	ハピネス	SABU	幸福
	ポストマン・ブルース	SABU	盗信情縁
	DRIVE	SABU	駕駛
	花戦さ	篠原哲雄	花戦
	映画　夜空はいつでも最高密度の青色だ	石井裕也	夜空総有最大密度的藍色
	家族はつらいよ2	山田洋次	家族之苦２
	土竜の唄 香港狂騒曲	三池崇史	鼴鼠之歌２：香港狂騒曲
	サバイバルファミリー	矢口史靖	生存家族
	PとJK	廣木隆一	P和JK
	ダゲレオタイプの女	黒沢清	暗房秘密
	淵に立つ	深田晃司	臨淵而立
	TOKYO IDOLS	三宅響子	東京偶像
	雪女	杉野希妃	雪女
	東京ウィンドオーケストラ	坂下雄一郎	東京風之交響楽団
	聖の青春	森義隆	聖之青春
	お父さんと伊藤さん	タナダユキ	父親与伊藤先生
	ちょっと今から仕事やめてくる	成島出	不幹了，我開除了黒心公司

22年目の告白　私が殺人犯です	入江悠	22年後的自白
ゲキ×シネ「乱鶯」	いのうえひでのり	乱鶯
猫忍	渡辺武	猫忍
彼らが本気で編むときは、	荻上直子	人生密密縫
アリーキャット	榊英雄	流浪猫
相棒劇場版Ⅳ 首都クライシス 人質は50万人！特命係最後の決断	橋本一	相棒劇場版4
キセキ　あの日のソビト	兼重淳	奇跡，那天如此重要
疾風ロンド	吉田照幸	疾風回旋曲
二度めの夏、二度と会えない君	中西健二	第二個夏天，不再遇見的你
恋妻家宮本	遊川和彦	恋妻家宮本
本能寺ホテル	鈴木雅之	本能寺酒店
グッドモーニングショー	君塚良一	早安秀
ハルチカ	市井昌秀	春&夏事件簿
愚行録	石川慶	愚行録
ミュージアム	大友啓史	悪魔蛙男
傷だらけの悪魔	山岸聖太	傷痕累累的悪魔
SYNCHRONIZER	万田邦敏	同步
バンコクナイツ	富田克也	曼谷之夜
PARKS パークス	瀬田なつき	井之頭恩賜公園
TAP THE LAST SHOW	水谷豊	最後的踢踏舞
海辺の生と死	越川道夫	海辺的生与死
幼な子われらに生まれ	三島有紀子	生在幼子
ひるなかの流星	新城毅彦	昼行閃耀的流星

上映年（回数）	タイトル	監督	中国語題
二〇一七（第二〇回）	昼顔	西谷弘	昼顔
	カノン	雑賀俊郎	卡農
	湯を沸かすほどの熱い愛	中野量太	滾燙的愛
	帝一の國	永井聡	帝一之国
	デスノート Light up the NEW world	佐藤信介	死亡筆記：点亮新世界
	真田十勇士	堤幸彦	真田十勇士
二〇一八（第二一回）	猫は抱くもの	犬童一心	猫是要抱着的
	さよならの朝に約束の花をかざろう	岡田磨里	朝花夕誓 於離別之朝束起約定之花
	終の風	市原俊幸	風
	わたしたちの家	清原惟	我們的家
	洗骨	照屋年之	洗骨
	交響詩篇エウレカセブン ハイエボリューション1	京田知己	交響詩篇
	映画 妖怪ウォッチ シャドウサイド 鬼王の復活	ウシロシンジ	妖怪手表：光影之巻之鬼王復活
	地獄門（4Kデジタル修復版）	衣笠貞之助	地獄門
	絞死刑	大島渚	絞死刑
	万引き家族	是枝裕和	小偷家族
	東京暮色	小津安二郎	東京暮色
	お茶漬の味	小津安二郎	茶泡飯之味
	近松物語	溝口健二	近松物語
	山椒大夫	溝口健二	山椒大夫
	きらきら眼鏡	犬童一利	閃耀人生的眼鏡
	食べる女	生野慈朗	食女

パンク侍、斬られて候	石井岳龍	朋克武士
君が君で君だ	松居大悟	你因你是你
Shall We ダンス?	周防正行	談談情跳跳舞
CURE	黒沢清	救贖
萌の朱雀	河瀬直美	萌之朱雀
アリーテ姫	片渕須直	阿莱蒂公主
終わった人	中田秀夫	無用之人
モリのいる場所	沖田修一	有熊谷守一在的地方
花筐　HANAGATAMI	大林宣彦	花筐
ライオンは今夜死ぬ	諏訪敦彦	獅子今夜死亡
ニッポン国VS泉南石綿村	原一男	日本国VS泉南石綿村
人生フルーツ	伏原健之	人生果実
ラプラスの魔女	三池崇史	拉普拉斯的魔女
8年越しの花嫁　奇跡の実話	瀬々敬久	跨越8年的新娘
孤狼の血	白石和彌	孤狼之血
空飛ぶタイヤ	本木克英	空中輪胎
友罪	瀬々敬久	友罪
となりの怪物くん	月川翔	隣座的怪同学
坂道のアポロン	三木孝浩	阪道上的阿波羅
羊と鋼の森	橋本光二郎	羊与鋼的森林
リングサイド・ストーリー	武正晴	拳撃場故事
少女邂逅	枝優花	少女邂逅
オー・ルーシー!	平柳敦子	噢，露西！

上映年（回数）	タイトル	監督	中国語題
二〇一八（第二二回）	彼女がその名を知らない鳥たち	白石和彌	她不知道名字的那些鳥兒
	泥棒役者	西田征史	小偷演員
	探偵はBARにいる3	吉田照幸	泡吧偵探3
	ミッドナイト・バス	竹下昌男	午夜巴士
	光	大森立嗣	光
	勝手にふるえてろ	大九明子	最終幻想女孩
	三尺魂	加藤悦生	三尺魂
	ラブ×ドック	鈴木おさむ	愛之証
	ルームロンダリング	片桐健滋	洗屋
	キスできる餃子	秦建日子	接吻的餃子
	OVER DRIVE	羽住英一郎	増速駆動
	きみの声をとどけたい	伊藤尚往	想要伝達你的声音
	去年の冬、きみと別れ	瀧本智行	去年冬天与你分手
	イマジネーションゲーム	畑泰介	幻想遊戯
	いぬやしき	佐藤信介	犬屋敷
	3D彼女 リアルガール	英勉	三次元女友
	犬猿	吉田恵輔	犬猿
	先生！、、、好きになってもいいですか？	三木孝浩	老師！我可以喜歓你嗎？
	今夜、ロマンス劇場で	武内英樹	今夜在浪漫劇場
二〇一九（第二三回）	アイネクライネナハトムジーク	今泉力哉	一首小夜曲
	きみと、波にのれたら	湯浅政明	若能与你共乘海浪之上
	ブルーアワーにぶっ飛ばす	箱田優子	在藍色時分飛翔

ホットギミック ガールミーツボーイ	山戸結希	熱情花招
EVANGELION：DEATH(TRUE) 2	庵野秀明	新世紀福音戰士 Evangelion 劇場版死与新生
新世紀エヴァンゲリオン劇場版 Air／まごころを、君に	庵野秀明	新世紀福音戰士劇場版：Air／真心為你
AKIRA	大友克洋	阿基拉
ヴイナス戦記	安彦良和	金星戦記
白蛇伝	藪下泰司	白蛇伝
ちいさな英雄 カニとタマゴと透明人間	米林宏昌、百瀬義行、山下明彦	謙虚的英雄：普楽卡短片劇場系列第一輯
バースデー・ワンダーランド	原恵一	生日楽園
フジコ・ヘミングの時間	小松荘一良	藤子海敏的時間
東京物語	小津安二郎	東京物語
赤線地帯	溝口健二	赤線地帯
男はつらいよ（第一作）	山田洋次	寅次郎的故事
菊次郎の夏	北野武	菊次郎的夏天
お早よう	小津安二郎	早安
ダンスウィズミー	矢口史靖	与我跳舞
Diner ダイナー	蜷川実花	殺手餐庁
町田くんの世界	石井裕也	町田君的世界
jam	SABU	命運疾走中
海を駆ける	深田晃司	奔向大海
きばいやんせ！私	武正晴	我要加油！
愛がなんだ	今泉力哉	愛情是什麽
ウィーアーリトルゾンビーズ	長久允	我們都是木頭人
葬式の名人	樋口尚文	葬礼的名人

上映年（回数）	タイトル	監督	中国語題
二〇一九（第二二回）	BACK STREET GIRLS ゴクドルズ	原桂之介	後街女孩
	L・DK ひとつ屋根の下、「スキ」がふたつ。	川村泰祐	鄰居同居2
	轢き逃げ 最高の最悪な日	水谷豊	肇事逃逸，最好的最糟之日
	武蔵 むさし	三上康雄	武蔵
	映画 賭ケグルイ	英勉	狂賭之淵
	生きてるだけで、愛。	関根光才	只有愛能譲我生存
	ねことじいちゃん	岩合光昭	猫与爺爺
	ビブリア古書堂の事件手帖	三島有紀子	彼布利亜古書堂事件手帖
	愛唄 約束のナクヒト	川村泰祐	愛歌～約定的承諾～
	五億円のじんせい	文晟豪	五億元的人生
	美人が婚活してみたら	大九明子	大齢美女想相親
	おいしい家族	ふくだももこ	美味家族
	麻雀放浪記２０２０	白石和彌	麻雀放浪記２０２０
	泣くな赤鬼	兼重淳	別哭啊赤鬼
	七つの会議	福澤克雄	七個会議
	嵐電	鈴木卓爾	嵐電
	母さんがどんなに僕を嫌いでも	御法川修	不管媽媽多麽討厭我
	凜 りん	池田克彦	凜
	長いお別れ	中野量太	漫長的告別
	メランコリック	田中征爾	憂郁症患者
	多十郎殉愛記	中島貞夫	多十郎殉愛記
	透子のセカイ	曽根剛	神秘的神社少女

夜明け	広瀬奈々子	黎明
Ｂｏｌｔ	林海象	螺栓
ゲキ×シネ「髑髏城の七人」Season月 下弦の月	いのうえひでのり	骷髏城之七人・月（下弦）
ザ・ファブル	江口カン	殺手寓言
さよならくちびる	塩田明彦	永別了唇
乱反射	石井裕也	乱反射
今日も嫌がらせ弁当	塚本連平	今天也是找茬便当
母を亡くした時、僕は遺骨を食べたいと思った。	大森立嗣	母親亡故時，我想吃了她的遺骨
こんな夜更けにバナナかよ 愛しき実話	前田哲	三更半夜居然要香蕉：愛的真実故事
居眠り磐音	本木克英	瞌睡的磐音
コンフィデンスマンＪＰ	田中亮	行騙天下ＪＰ　浪漫篇

中国で一般公開された日本映画（二〇一六年～二〇一九年）一覧表

邦題	監督	中国語題	中国での封切日	中国での興行収入 万元（億円）	日本公開日
BORUTO NARUTO THE MOVIE	山下宏幸	火影忍者劇場版：博人伝	二〇一六年二月一八日	一〇三二二・一（一六）	二〇一五年八月七日
聖闘士星矢　LEGEND of SANCTUARY	さとうけいいち	聖闘士星矢：聖域伝說	二〇一六年二月二六日	三七七八・八（五・八六）	二〇一四年六月二一日
映画　ビリギャル	土井裕泰	墊底辣妹	二〇一六年四月一四日	三七四四・九（五・八）	二〇一五年五月一日
映画ドラえもん 新・のび太の日本誕生	八鍬新之介	哆啦A夢：新・大雄的日本誕生	二〇一六年七月二二日	一〇三五九（一六・〇六）	二〇一六年三月五日
寄生獣	山崎貴	寄生獣	二〇一六年九月二日	四八二三・二（七・四八）	二〇一四年一一月二九日
ちびまる子ちゃん イタリアから来た少年	高木淳	櫻桃小丸子：来自意大利的少年	二〇一六年九月二三日	二五八四（四・〇一）	二〇一五年一二月二三日
ドラゴンボールZ 復活の「F」	山室直儀	龍珠Z：復活的弗利薩	二〇一六年一〇月二一日	一〇九八・三（一・七）	二〇一五年四月一八日
クレヨンしんちゃん　爆睡！ユメミーワールド大突撃	高橋渉	蝋筆小新：夢境世界大突撃	二〇一六年一一月四日	二二四二・五（三・四八）	二〇一六年四月一六日
ONE PIECE FILM GOLD	宮元宏彰	航海王之黃金城	二〇一六年一一月一一日	一〇七〇〇（一六・五九）	二〇一六年七月二三日
名探偵コナン 純黒の悪夢（ナイトメア）	静野孔文	名偵探柯南：純黒的悪夢	二〇一六年一一月二五日	三一〇三・五（四・八一）	二〇一六年四月一六日
君の名は。	新海誠	你的名字。	二〇一六年一二月二日	五七五〇〇（八九・一三）	二〇一六年八月二六日
KINGSGLAIVE FINAL FANTASY XV	野末武志	最終幻想15：王者之剣	二〇一七年三月一〇日	二八七二・五（四・四五）	二〇一六年七月九日
映画ドラえもん　のび太の南極カチコチ大冒険	高橋敦史	哆啦A夢：大雄的南極氷氷涼大冒険	二〇一七年五月三〇日	一四八五二（二三・〇二）	二〇一七年三月四日
君と100回目の恋	月川翔	与君相恋100次	二〇一七年七月六日	一三四三・二（二・〇八）	二〇一九年三月一五日
続・深夜食堂	松岡錠司	深夜食堂2	二〇一七年七月一八日	一三八八（二・一五）	二〇一六年一一月五日
銀魂	福田雄一	銀魂　真人版	二〇一七年九月一日	八一三五・七（一二・六一）	二〇一七年七月一四日
映画　聲の形	山田尚子	聲之形	二〇一七年九月八日	四四五〇・四（六・九）	二〇一六年九月一七日
劇場版　ソードアート・オンライン　オーディナル・スケール	伊藤智彦	刀剣神域：序列之争	二〇一七年九月一五日	五三八七・四（八・三五）	二〇一七年二月一八日

ポケモン・ザ・ムービーXY&Z「ボルケニオンと機巧のマギアナ」	湯山邦彦	精霊宝可夢：波爾凱尼恩与機巧的瑪機雅娜	二〇一七年一月一一日	二五六一・七(三・九七)	二〇一六年七月一六日
打ち上げ花火、下から見るか?横から見るか?	新房昭之／武内宣之	煙花	二〇一七年一二月一日	七八五九(一二・一八)	二〇一七年八月一八日
ナミヤ雑貨店の奇蹟	廣木隆一	浪矢解憂雑貨店	二〇一八年二月二日	二八七六・三(四・四六)	二〇一七年九月二三日
ミックス。	石川淳一	恋愛回旋	二〇一八年三月九日	一八五二・九(二・八七)	二〇一七年一〇月二一日
三度目の殺人	是枝裕和	第三度嫌疑人	二〇一八年三月三〇日	四五二・二(〇・七)	二〇一七年九月九日
メアリと魔女の花	米林宏昌	瑪麗与魔女之花	二〇一八年四月二八日	二〇六二・二(三・二)	二〇一七年七月八日
昼顔	西谷弘	昼顔	二〇一八年五月一八日	一四三三・七(二・二二)	二〇一七年六月一〇日
ドラえもん のび太の宝島	今井一暁	哆啦A夢：大雄的金銀島	二〇一八年六月一日	二〇九二三(三二・四三)	二〇一八年三月三日
サバイバルファミリー	矢口史靖	生存家族	二〇一八年六月二二日	一一四〇・五(一・七七)	二〇一七年二月一一日
万引き家族	是枝裕和	小偷家族	二〇一八年八月三日	九六七四・九(一五)	二〇一八年六月八日
劇場版 黒子のバスケ LAST GAME	多田俊介	黒子的籃球・終極一戦	二〇一八年八月二四日	六七九(一・〇五)	二〇一七年三月一八日
君の膵臓をたべたい	月川翔	念念手紀	二〇一八年九月一四日	四四七・一(〇・六九)	二〇一七年七月二八日
DESTINY 鎌倉ものがたり	山崎貴	鎌倉物語	二〇一八年九月一四日	四八五一・一(七・五二)	二〇一七年一二月九日
GODZILLA 怪獣惑星	静野孔文／瀬下寛之	哥斯拉：怪獣行星	二〇一八年九月二一日	一六一・五(〇・二五)	二〇一七年一一月一七日
8年越しの花嫁 奇跡の実話	瀬々敬久	跨越8年的新娘	二〇一八年一〇月一九日	三一一・七(〇・四八)	二〇一七年一二月一六日
名探偵コナン ゼロの執行人	立川譲	名偵探柯南：零的執行人	二〇一八年一一月九日	一二七三五(一九・七四)	二〇一八年四月一三日
となりのトトロ	宮崎駿	龍猫	二〇一八年一二月一四日	一七三六七(二六・九二)	一九八八年四月一六日
22年目の告白 私が殺人犯です	入江悠	22年後的自白	二〇一九年一月一一日	五三四・二(〇・八三)	二〇一七年六月一〇日
劇場版 Fate／stay night [Heaven's Feel] I・presage flower	須藤友徳	命運之夜—天之杯I：悪兆之花	二〇一九年一月一一日	三一六八・四(四・九一)	二〇一七年一〇月一四日
君の膵臓をたべたい	牛嶋新一郎	我想吃掉你的胰臓	二〇一九年一月一八日	二三九〇・四(三・七一)	二〇一八年九月一日
今夜、ロマンス劇場で	武内英樹	今夜在浪漫劇場	二〇一九年二月一四日	一二三一・五(一・九一)	二〇一八年二月一〇日

さよならの朝に約束の花をかざろう	岡田麿里／篠原俊哉	朝花夕誓 於離別之朝束起約定之花	二〇一九年二月二三日	一七二四・五（二一・六七）	二〇一八年二月二四日
劇場版 夏目友人帳 うつせみに結ぶ	大森貴弘／伊藤秀樹	夏目友人帳	二〇一九年三月七日	一一五〇一（一七・八三）	二〇一八年九月二九日
劇場版 マジンガーZ INFINITY	志水淳児	魔神Z	二〇一九年三月八日	四〇・八（〇・〇六）	二〇一八年一月一三日
僕のヒーローアカデミア THE MOVIE 2人の英雄（ヒーロー）	長崎健司	我的英雄学院：両位英雄	二〇一九年三月一五日	三八七六・五（六・〇一）	二〇一八年八月三日
祈りの幕が下りる時	福澤克雄	祈祷落幕時	二〇一九年四月一二日	六七六四・四（一〇・四八）	二〇一八年一月二七日
BLEACH	佐藤信介	境・界	二〇一九年四月一九日	三六三・二（〇・五六）	二〇一八年七月二〇日
ペンギン・ハイウェイ	石田祐康	企鵝公路	二〇一九年五月一七日	三三四・三（〇・五二）	二〇一八年八月一七日
となりの怪物くん	月川翔	隣座的怪同学	二〇一九年五月二三日	二三六・四（〇・三七）	二〇一八年四月二七日
ドラゴンボール超（スーパー） ブロリー	長峯達也	龍珠超：布羅利	二〇一九年五月二四日	三一六四・七（四・九一）	二〇一八年一二月一四日
映画ドラえもん のび太の月面探査記	八鍬新之介	哆啦A夢：大雄的月球探険記	二〇一九年六月一日	一三〇八二（二〇・二八）	二〇一九年三月一日
千と千尋の神隠し	宮崎駿	千与千尋	二〇一九年六月二一日	四八八〇〇（七五・六四）	二〇〇一年七月二〇日
劇場版 Fate／stay night [Heaven's Feel] II・lost butterfly	須藤友徳	命運之夜—天之杯II：迷失之蝶	二〇一九年七月一二日	二九六九・五（四・六）	二〇一九年一月一二日
機動戦士ガンダムNT	吉沢俊一	機動戦士高達NT	二〇一九年七月一二日	八七〇・七（一・三五）	二〇一八年一一月三〇日
ノーゲーム・ノーライフ ゼロ	いしづかあつこ	遊戯人生 零	二〇一九年七月一九日	一三九五（二・一六）	二〇一七年七月一五日
検察側の罪人	原田眞人	検察方的罪人	二〇一九年九月六日	一三三八・四（二・〇七）	二〇一八年八月二四日
名探偵コナン 紺青の拳（フィスト）	長岡智佳	名偵探柯南：紺青之拳	二〇一九年九月一三日	二三一六四（三五・九一）	二〇一九年四月一二日
劇場版 ONE PIECE STAMPEDE	大塚隆史	航海王：狂熱行動	二〇一九年一〇月一八日	二〇四〇〇（三一・六二）	二〇一九年八月九日
天気の子	新海誠	天気之子	二〇一九年一一月一日	二八七五九（四四・五八）	二〇一九年七月一九日
きみと、波にのれたら	湯浅政明	若能与你共乗海浪之上	二〇一九年一二月七日	一三九六・一（二・一六）	二〇一九年六月二一日
Ryuichi Sakamoto：CODA	スティーブン・ノムラ・シブル	坂本龍一：終曲	二〇一九年一二月一六日	五〇二・二（〇・七八）	二〇一七年一一月一日

＊映画専門アプリ「猫眼専業版」、映画専門サイト「中国票房」の集計による。1元＝15・5円

本書は二〇二〇年六月二八日、福岡市で開催された講演会及び上映会「日本映画は中国でどのように愛されてきたのか」（主催：福岡ユネスコ協会、福岡市総合図書館、映像ホール・シネラ実行委員会）をもとに、講演で焦点を当てた一九七〇年代前後の時代についても加筆したものです。出版化をご承諾いただきました劉文兵さんに厚く感謝申し上げます。

（一般財団法人 福岡ユネスコ協会）

【著者紹介】

劉文兵（りゅう・ぶんぺい）

一九六七年中国山東省生まれ。大阪大学言語文化研究科専任教員。
東京大学大学院総合研究科超域文化科学専攻表象文化論コース博士課程修了。博士（学術）。日本映画ペンクラブ賞奨励賞受賞（二〇一五）
著書に『映画がつなぐ中国と日本』（東方書店）『日中映画交流史』（東京大学出版会）『中国抗日映画・ドラマの世界』（祥伝社新書）『中国映画の熱狂的黄金期』（岩波書店）『中国一〇億人の日本映画熱愛史』（集英社新書）他

FUKUOKA *u* ブックレット㉑

日本の映画作家と中国
小津・溝口・黒澤から宮崎駿・北野武・岩井俊二・是枝裕和まで

二〇二一年六月三〇日 発行

著　者　劉《りゅう》文《ぶん》兵《へい》
発行者　小野静男
発行所　株式会社 弦書房
（〒810・0041）
福岡市中央区大名二－二－四三
ELK大名ビル三〇一
電　話　〇九二・七二六・九八八五
ＦＡＸ　〇九二・七二六・九八八六

装丁・毛利一枝
印刷・製本　有限会社青雲印刷

落丁・乱丁の本はお取り替えします

ISBN 978-4-86329-220-8 C0074

「FUKUOKA U ブックレット」の発刊にあたって

「転換期」ということばが登場して、もうどれくらい経つでしょうか。しかし、「近代」は暮れなずみながら、なお影を長く伸ばし、来るべき新たな時代の姿は依然として定かではありません。

そんな時代に、ここ福岡の地から小冊子「ＦＵＫＵＯＫＡ　Ｕ　ブックレット」を刊行します。

福岡は古くから「文化の十字路」でした。アジア大陸に最も近く、また環東シナ海の要石の位置にあって、さまざまな文化を受け入れる窓口として大きな役割を果たしてきました。近代になっても、アジアとの活発な交流は続き、日本の中で最もアジア的なにおいを宿した都市として知られています。今日ここでは、海陸の風を受けながら、学術や芸術に関わる多彩な活動が繰り広げられていますが、しかしメディアの一極集中のせいで、それは多くの人の耳や目に届いているとは言えません。

「ＦＵＫＵＯＫＡ　Ｕ　ブックレット」は、ユネスコ憲章の「文化の広い普及と正義・自由・平和のための人類の教育とは、人間の尊厳に欠くことのできないものである」という理念に共鳴し、一九四八年以来、旺盛な活動を続けている福岡ユネスコ（Unesco）協会の講演会やシンポジウムを中心に、福岡におけるビビッドな文化活動の一端を紹介しようとするものです。

海（Umi）に開かれた地から発信されるこのシリーズが、普遍的（Universal）な文化の理解（Understanding）に役立つことを願ってやみません。

（二〇一二年七月）